選抜！中国語単語 中級編

沈国威 編

朝日出版社

音声ダウンロード

 音声再生アプリ「リスニング・トレーナー」（無料）

朝日出版社開発のアプリ、「リスニング・トレーナー（リストレ）」を使えば、本書の音声をスマホ、タブレットに簡単にダウンロードできます。どうぞご活用ください。

まずは「リストレ」アプリをダウンロード

▶ App Store はこちら　　▶ Google Play はこちら

アプリ【リスニング・トレーナー】の使い方

❶ アプリを開き、「**コンテンツを追加**」をタップ

❷ QRコードをカメラで読み込む　

❸ QRコードが読み取れない場合は、画面上部に **01261** を入力し「Done」をタップします

本書の構成と特徴

見出し語：本書は、中国語検定3級合格の単語を中心に、2級の単語も一部収録しています。全語彙数は、921語で、内訳は、名詞322語；動詞312語；形容詞205語；副詞82語です。収録語は、過去問の既出語や、使用頻度の高い語から選びました。また、『上級編』の各意味分野からも代表格の語を見出し語に加えました。

類語：見出し語に意味の近い語（≈マーク）、或いは反対の語（⇔マーク）を1206語収録しました。同義関係、反義関係の把握によって見出し語の意味と用法が定着しやすくなるだけでなく、さらに上のレベルにスムーズに発展していくことができます。

例文：単語は例文で覚えなければなりません。本書の例文は、自然な中国語を目指しました。また例文は、意味のまとまりで区切りました。単語を用いて、文を構築していく手順を押さえることにより、理解と運用の力が養われます。

ピンイン：本書は、『現代中国語詞典』（商務印書館、第7版）に準拠しています。但しふつうは軽声で発音しますが、場合によっては元の声調で発音する単語については、元の声調で表示することにしました。元の声調でしっかり発音するほうが正確にことばの意味を伝えられるからです。

　本書は、単語同士の関係を示し、緩やかな難易度傾斜と＋αの原則を貫きました。「＋αの原則」とは、目指す目標より少し高めに学習レベルを設定することです。知識の習得には、適度なプレッシャーが必要です。豊富な内容は、語彙学習の成功を保証してくれます。

編者

目 次

本書で使用している記号

- **3** ：中検3級語彙
- ２ ：中検2級語彙
- ≈ ：同義語・類義語
- ⇔ ：反意語
- ◇ ：関連語

本 編

名詞

）1

001
□
②

àn jiàn
案件

裁判事件

≈ 案子
ànzi

Jùshuō zuìjìn líhūn de ànjiàn jiǎnshǎo le.
据说 最近 离婚的案件 减少了。

最近は離婚の案件が減少したそうだ。

002
□
③

bǎi huò
百货

日用雑貨

Zhè jiā shāngdiàn zhǔyào jīngyíng rìyòng bǎihuò.
这家商店 主要经营 日用百货。

この店は主に日用雑貨を扱っている。

003
□
③

bǎn běn
版本

版本

≈ 版、本子
bǎn, běnzi

Zhè shì Lǔ Xùn zhùzuò de zuì xīn bǎnběn.
这是 鲁迅著作的 最新版本。

これは魯迅の著作の最新版である。

004
□
②

bǎng yàng
榜样

手本、模範

≈ 模范、楷模
mófàn, kǎimó

Tā shì wǒmen xuéxí de bǎngyàng.
他是 我们学习的 榜样。

彼は私たちが学ぶ手本だ。

005
□
③

bǎo bèi
宝贝

宝物；坊や

≈ 宝物；宝宝
bǎowù；bǎobao

Zhège huāpíng shì yéye de bǎobèi.
这个花瓶 是 爷爷的宝贝。

この花瓶はおじいさんの宝物です。

006
□
③

bēi jù
悲剧

悲劇

⇔ 喜剧
xǐjù

Zhè shì yí ge àiqíng de bēijù gùshi.
这是一个 爱情的 悲剧故事。

これは悲恋の物語です。

007
□
③

bèi jǐng
背景

背景；後ろ盾

Tā de xiǎoshuō yǐ Ōuzhōu wéi bèijǐng.
他的小说 以欧洲 为背景。

彼の小説はヨーロッパを舞台にしている。

008
□
③

běn lǐng
本领

才能、腕前

≈ 本事、才能
běnshi, cáinéng

Tā bǎ quánbù běnlǐng dōu shīzhǎn chūlái le.
他把全部本领 都施展出来了。

彼はすべての能力を発揮した。

名詞

動詞

形容詞

副詞

---

009 ③

běn zhì

本质

本質、本性

⇔ 现象 ; ≈ 实质
xiànxiàng ; shízhì

Wǒmen yào tòuguò xiànxiàng kàn běnzhì.

我们要 透过现象 看本质。

我々は現象を通して本質を見なければならない。

---

010 ③

biǎo qíng

表情

表情、顔つき

Huìchǎngli de rén biǎoqíng dōu hěn yánsù.

会场里的人 表情都很 严肃。

会場の人たちはみな真剣な表情をしていた。

---

011 ③

bīng

冰

氷

≈ 冰块
bīngkuài

Wǒ yào yì bēi kělè, bù jiā bīng.

我要 一杯可乐，不加冰。

コーラをください、氷なしで。

---

012 ③

bīng jī líng

冰激凌

アイスクリーム

≈ 冰淇淋
bīngqílín

Māma jīngcháng gěi wǒ mǎi bīngjīlíng.

妈妈 经常给我 买冰激凌。

母はよく私にアイスクリームを買ってくれたものだ。

---

013 ③

bō li

玻璃

ガラス

Dìdi tī qiú dǎsuìle línjū de bōli.

弟弟踢球 打碎了 邻居的玻璃。

弟はボールを蹴って隣家のガラスを割った。

---

014 ③

cái liào

材料

材料

≈ 资料、原料
zīliào，yuánliào

Tā zhèngzài shōují xiě lùnwén de cáiliào.

他正在收集 写论文的 材料。

彼は論文を書くための資料を集めているところだ。

---

015 ③

cái chǎn

财产

財産

≈ 资产、家产
zīchǎn，jiāchǎn

Dìzhèn gěi rénmen de cáichǎn zàochéngle sǔnshī.

地震 给人们的财产 造成了 损失。

地震は人々の財産に損害を与えた。

---

016 ③

cái pàn (yuán)

裁判(员)

審判員

≈ 球证
qiúzhèng

Yùndòngyuán bìxū fúcóng cáipàn de juédìng.

运动员 必须服从 裁判的决定。

選手は審判の決定に従わなければならない。

---

017 ③
cài dān
菜单
メニュー
≈ 菜谱
càipǔ

Qǐng gěi wǒ kànkan nǐmen de càidān.
请给我看看 你们的菜单。
ちょっとメニューを見せてください。

018 ③
cāng kù
仓库
倉庫
≈ 货仓、仓房
huòcāng, cāngfáng

Wǒmen jīntiān de gōngzuò shì qīnglǐ cāngkù.
我们 今天的工作 是清理仓库。
私たちの今日の仕事は倉庫の整理です。

019 ②
chá guǎn
茶馆
茶館（中国式喫茶店）
≈ 茶室、茶楼
cháshì, chálóu

Zánmen qù cháguǎn hē yì bēi chá ba.
咱们 去茶馆 喝一杯茶吧。
茶館に行ってお茶でも飲みましょう。

020 ③
chǎn pǐn
产品
製品、生産品

Zhè jiā gōngsī de chǎnpǐn zhìliàng hěn hǎo.
这家公司的产品 质量 很好。
この会社の製品は品質がよい。

021 ③
chǎng miàn
场面
場面、シーン
≈ 场景
chǎngjǐng

Wǒ cónglái méi jiànguo zhème kěpà de chǎngmiàn.
我从来 没见过 这么可怕的 场面。
私はこれまでこんな恐ろしい場面を見たことがない。

022 ③
chéng yǔ
成语
慣用句、成語
≈ 谚语、惯用语
yànyǔ, guànyòngyǔ

Jiějie cíhuì fēngfù, zhīdào hěn duō chéngyǔ.
姐姐 词汇丰富，知道 很多成语。
姉は語彙が豊富で、成語をたくさん知っている。

023 ②
chéng yì
诚意
誠意、真心
⇔ 假意 ; ≈ 诚心、真心
jiǎyì ; chéngxīn, zhēnxīn

Tāmen quēfá jiějué wèntí de chéngyì.
他们 缺乏 解决问题的 诚意。
彼らには問題を解決するという誠意が欠けている。

024 ③
chéng dù
程度
程度、水準
≈ 水准、水平
shuǐzhǔn, shuǐpíng

Nǎinai shàngguo dàxué, wénhuà chéngdù hěn gāo.
奶奶 上过大学，文化程度 很高。
祖母は大学に行っていたので、知的レベルが高い。

025 ☐ ③
chǒng wù
宠物
ペット

Wǒ xiànzài zài chǒngwù diàn dǎgōng.
我现在 在宠物店 打工。
私は今ペットショップでバイトをしています。

026 ☐ ②
chū shēn
出身
出身、経歴
≈ 身世、出生
shēnshì, chūshēng

Wǒ yéye shì nóngmín chūshēn.
我爷爷是 农民出身。
私のおじいさんは農民の出身です。

027 ☐ ③
chuán tǒng
传统
伝統

Wǒmen yào fāyáng jiéyuē de yōuliáng chuántǒng.
我们 要发扬 节约的 优良传统。
私たちは節約の優れた伝統を発揚しなければならない。

028 ☐ ③
cuò shī
措施
措置、手立て
≈ 方法、举措
fāngfǎ, jǔcuò

Wèile jiénéng, tāmen cǎiqǔle hěn duō cuòshī.
为了节能，他们 采取了 很多措施。
彼らは省エネのために多くの対策を講じている。

029 ☐ ③
dá àn
答案
答案、解答

Zhè dào tí de dá'àn shì cuò de.
这道题的 答案是 错的。
この問題の解答は間違っている。

030 ☐ ③
dǎ ban
打扮
装い、いでたち
≈ 装束、服装
zhuāngshù, fúzhuāng

Tā de dǎban zǒngshì gēn biéren bù yíyàng.
她的打扮 总是 跟别人 不一样。
彼女の身なりはいつもほかの人と違う。

031 ☐ ③
dà lù
大陆
大陸
⇔ 海洋；≈ 陆地、内地
hǎiyáng；lùdì, nèidì

Zhōngguó wèiyú Yàzhōu dàlù de dōngbù.
中国 位于 亚洲大陆的东部。
中国はアジア大陸の東部に位置している。

032 ☐ ③
dài yù
待遇
待遇、扱い
≈ 工资、条件
gōngzī, tiáojiàn

Zhège gōngsī de fúlì dàiyù fēicháng hǎo.
这个公司的 福利待遇 非常好。
この会社の福利厚生は非常によい。

名詞 動詞 形容詞 副詞

033 ☐ ③

dān wèi
单位

機関、団体
≈ 机关、团体
jīguān, tuántǐ

Nǐ yǐqián zài nǎge dānwèi gōngzuò?
你以前 在哪个单位 工作?

あなたは以前どの職場で働いていましたか。

034 ☐ ③

dǎo yóu
导游

ガイド
≈ 向导
xiàngdǎo

Zài Luómǎ, péngyou wèi wǒ zuòle dǎoyóu.
在罗马, 朋友为我 做了导游。

ローマでは友達がガイドをしてくれました。

035 ☐ ③

dǎo
岛

島
≈ 岛屿、海岛
dǎoyǔ, hǎidǎo

Táifēng yǐngxiǎngle wǒmen qù nàge dǎo guānguāng.
台风 影响了 我们去那个岛 观光。

台風の影響で私たちはあの島の観光ができなかった。

036 ☐ ③

dào dé
道德

道徳、モラル
≈ 品德、德性
pǐndé, déxìng

Qīngniánrén yīnggāi tígāo dàodé xiūyǎng.
青年人 应该提高 道德修养。

青年は道徳、教養を高めるべきである。

037 ☐ ③

dí rén
敌人

敵
⇔ 朋友；≈ 仇敌、仇人
péngyou；chóudí, chóurén

Xuéxí de dírén shì zìwǒ mǎnzú.
学习的敌人是 自我满足。

学習の敵は自己満足である。

038 ☐ ③

dì fāng
地方

地方
⇔ 中央
zhōngyāng

Bàba jījí cānjiā dìfāng zìzhì de huódòng.
爸爸 积极参加 地方自治的活动。

父は積極的に地方自治の活動に参加している。

039 ☐ ③

dì fang
地方

ところ、場所
≈ 场所、位置
chǎngsuǒ, wèizhì

Wǒ yìdiǎnr yě bù xǐhuan zhège dìfang.
我 一点儿也 不喜欢 这个地方。

私はここがちっとも好きではない。

040 ☐ ③

dì wèi
地位

地位、ポスト
≈ 位置、位子
wèizhì, wèizi

Nóngyè zài guómín jīngjì zhōng zhànyǒu zhòngyào dìwèi.
农业 在国民经济中 占有 重要地位。

農業は国民経済の中で重要な地位を占めている。

041
☐ 3
dì zhǐ
地址
住所、あて先
≈ 住址、地点
zhùzhǐ, dìdiǎn

Zhè shì wǒ de dìzhǐ, qǐng gěi wǒ lái xìn.
这是 我的地址，请给我 来信。

これが私の住所ですので、手紙をください。

042
☐ 3
diàn qì
电器
電気器具

Tā zài diànqì gōngsī gōngzuòle hěn duō nián.
他在电器公司 工作了 很多年。

彼は電気製品の会社で何年も働いた。

043
☐ 3
diàn tī
电梯
エレベーター

Zánmen zuò diàntī shàngqu ba.
咱们 坐电梯 上去吧。

エレベーターで上がって行きましょう。

044
☐ 3
diàn zǐ yóu jiàn
电子邮件
電子メール
≈ 电邮
diànyóu

Nǐ shōudào wǒ de diànzǐ yóujiàn le ma?
你 收到 我的电子邮件了吗?

私のEメールを受け取りましたか。

045
☐ 3
dié zi
碟子
小皿
≈ 盘子
pánzi

Wǒ bù xiǎoxīn dǎsuìle yí ge diézi.
我不小心 打碎了 一个碟子。

私は誤って皿を割ってしまった。

046
☐ 3
dòng jī
动机
動機
≈ 目的
mùdì

Nǐ zhème zuò de dòngjī shì shénme?
你这么做的 动机是 什么?

君がこのようにする動機は何ですか。

047
☐ 3
dòng
洞
穴、洞窟
≈ 洞穴
dòngxué

Wǒ de kùzi pòle yí ge dòng.
我的裤子 破了 一个洞。

私のズボンに穴があいた。

048
☐ 3
dòu fu
豆腐
豆腐
≈ 豆制品
dòuzhìpǐn

Dòufu shì pǔtōng rénjiā de jiāchángcài.
豆腐是 普通人家的 家常菜。

豆腐は庶民の家庭料理です。

049 □ **3**

dù zi

肚子

腹、おなか

≈ 腹部
fùbù

Wǒ xiànzài dùzi téngde lìhai.

我现在 肚子 疼得厉害。

私はいま腹痛がひどい。

050 □ **3**

ēn rén

恩人

恩人

⇔ 仇人
chóurén

Zhè wèi yīshēng shì wǒ de jiùmìng ēnrén.

这位医生是 我的 救命恩人。

このお医者様は私の命の恩人です。

051 □ **3**

ér tóng

儿童

儿童、子供

⇔ 成人 ; ≈ 孩子、小孩
chéngrén ; háizi, xiǎohái

Xiànzài hěn duō értóng tǐzhòng chāobiāo.

现在 很多 儿童 体重超标。

今は多くの子供が過体重になっている。

052 □ **3**

ěr duo

耳朵

耳

Wǒ dōu wúfǎ xiāngxìn zìjǐ de ěrduo le.

我都无法 相信 自己的耳朵了。

私は自分の耳を信じることができなかった。

053 □ **3**

fǎ lǜ

法律

法、法律

≈ 法令、法规
fǎlìng, fǎguī

Jǐnjǐn yǒu fǎlǜ hái bù néng chēngwéi fǎzhì guójiā.

仅仅有法律 还不能称为 法治国家。

法律があるだけではまだ法治国家とは言えない。

054 □ **3**

fǎ yuàn

法院

裁判所

≈ 法庭
fǎtíng

Tā xiàng fǎyuàn tíqǐle líhūn sùsòng.

她向 法院 提起了 离婚诉讼。

彼女は裁判所に離婚訴訟を起こした。

055 □ **3**

fāng àn

方案

案、計画

≈ 计划、构想
jìhuà, gòuxiǎng

Dàjiā dōu tóngyì tā de shèjì fāng'àn.

大家 都同意 他的设计方案。

みんなが彼の設計案に同意した。

056 □ **3**

fēng jǐng

风景

景色、風景

≈ 景象、景色
jǐngxiàng, jǐngsè

Zhè yídài yǒu hěn duō zìrán de fēngjǐng.

这一带 有很多 自然的风景。

この辺りは自然の風景が豊かだ。

---

057 ☐ ③

fēng sú
风俗
風俗、風習
≈ 习俗、习惯
xísú, xíguàn

Gè guó dōu yǒu bùtóng de fēngsú xíguàn.
各国 都有 不同的 风俗习惯。
国によって異なる風俗習慣がある。

---

058 ☐ ②

fēng mì
蜂蜜
蜜
≈ 蜜
mì

Fēngmì yǒu hěn gāo de yíngyǎng jiàzhí.
蜂蜜 有很高的营养价值。
ハチミツは栄養価が高い。

---

059 ☐ ③

fū qī
夫妻
夫婦、夫妻
≈ 夫妇、两口子
fūfù, liǎngkǒuzi

Tāmen shì yí duì tèbié ēn'ài de fūqī.
他们是 一对 特别恩爱的夫妻。
彼らはとても仲のいい夫婦です。

---

060 ☐ ③

fù dān
负担
負担、重荷
≈ 责任、任务
zérèn, rènwù

Xiànzài xuésheng de xuéxí fùdān tài zhòng le.
现在 学生的 学习负担 太重了。
現在、生徒の学習負担は重すぎる。

---

061 ☐ ③

fù jìn
附近
近所、付近
≈ 邻近、周围
línjìn, zhōuwéi

Wǒ jiā fùjìn yǒu yì tiáo xiǎohé.
我家附近 有一条小河。
我が家の近くには小川がある。

---

062 ☐ ②

gài kuàng
概况
概況
⇔ 详情；≈ 概略、梗概
xiángqíng；gàilüè, gěnggài

Qǐng nǐ jièshào yíxià zhè zuò chéngshì de gàikuàng.
请你 介绍一下 这座城市的概况。
この都市の概況を紹介してください。

---

063 ☐ ②

gǎn xiǎng
感想
感想、感じ
≈ 感受、感触
gǎnshòu, gǎnchù

Dúle zhè běn shū, wǒ yǒu hěn duō gǎnxiǎng.
读了 这本书，我有 很多感想。
この本を読んで、いろいろな感想を持ちました。

---

064 ☐ ③

gǎng kǒu
港口
港、港湾
≈ 港湾、码头
gǎngwān, mǎtóu

Wǒmen de chuán zài gǎngkǒu tíngliúle sān tiān.
我们的船 在港口 停留了 三天。
私たちの船は港に3日間停泊した。

---

065 ☐ ③

gāo fēng

高峰

高い峰；頂点、ピーク

≈ 顶峰
dǐngfēng

Shàng xià bān gāofēng shí dìtiě fēicháng yōngjǐ.

上下班高峰时 地铁 非常拥挤。

ラッシュアワーは地下鉄が非常に混んでいる。

066 ☐ ③

gōng chéng

工程

工事、プロジェクト

Zhè xiàng gōngchéng jiāng zài niánnèi jùngōng.

这项工程 将在年内 竣工。

この工事は年内に完成するだろう。

067 ☐ ③

gōng ān jú

公安局

警察署

Shuìwùjú zài gōng'ānjú de duìmiàn.

税务局 在公安局的 对面。

税務署は警察署の向かいにある。

068 ☐ ③

gōng lù

公路

自動車道路

≈ 道路、马路
dàolù, mǎlù

Ōuzhōu de gāosù gōnglù sì tōng bā dá.

欧洲的高速公路 四通八达。

ヨーロッパの高速道路は四方八方に通じている。

069 ☐ ③

gōng yuán

公元

西暦紀元

⇔ 阴历、农历
yīnlì, nónglì

Zhōngguó yī jiǔ sì jiǔ nián kāishǐ yòng gōngyuán jìnián.

中国 1949 年开始 用公元纪年。

中国では1949年から西暦が採用されている。

070 ☐ ③

gòng xiàn

贡献

貢献

≈ 功绩、奉献
gōngjì, fèngxiàn

Tā wèi huánbǎo zuòchūle jùdà de gòngxiàn.

他为环保 做出了 巨大的贡献。

彼は環境保護に多大な貢献をした。

071 ☐ ③

gū niang

姑娘

未婚の女性；娘

≈ 女士、小姐
nǚshì, xiǎojiě

Tā de tàidù dǎdòngle gūniang de xīn.

他的态度 打动了 姑娘的心。

彼の態度が娘の心を動かした。

072 ☐ ②

gǔ jì

古迹

史跡、旧跡

≈ 遗迹、名胜
yíjì,   míngshèng

Xī'ān yǒu hěn duō míngshèng gǔjì.

西安 有很多 名胜古迹。

西安には多くの名所旧跡がある。

073 ☐ ③

gǔ wén
古文

古文
⇔白话 ; ≈文言
báihuà ; wényán

Táohuāyuánjì shì wǒ xué de dì yī piān gǔwén.
桃花源记是 我学的 第一篇古文。

桃花源記は私が学んだ最初の古文である。

074 ☐ ③

gǔ piào
股票

株券、株

Tīngshuō tā mǎimài gǔpiào zhuànle dà qián.
听说 他买卖股票 赚了大钱。

彼は株取引で大儲けしたそうだ。

075 ☐ ③

gǔ tou
骨头

骨

Yéye diēle yì jiāo, gǔtou duàn le.
爷爷 跌了一跤，骨头 断了。

おじいさんは転んで骨折した。

076 ☐ ③

gù zhàng
故障

故障
≈毛病
máobìng

Lǚyóuchē chūle gùzhàng, tíngzài lùbiān.
旅游车 出了故障，停在 路边。

観光バスが故障して、路肩に止まっている。

077 ☐ ③

gù wèn
顾问

顾问
≈参谋
cānmóu

Tā shì wǒmen gōngsī de fǎlǜ gùwèn.
他是 我们公司的 法律顾问。

彼は私たちの会社の法律顧問です。

078 ☐ ③

guān jiàn
关键

かなめ、鍵
≈要害
yàohài

Jiějué wèntí de guānjiàn shì nǐ de tàidù.
解决问题的 关键是 你的态度。

問題解決の鍵は君の態度だ。

079 ☐ ③

guàn jūn
冠军

優勝者、チャンピオン
≈第一名
dì-yī míng

Tā shùxué bǐsài déle guànjūn.
他数学比赛 得了 冠军。

彼は数学のコンクールで優勝した。

080 ☐ ③

guī lǜ
规律

法则、規則
≈规则
guīzé

Gēge de shēnghuó hěn méi yǒu guīlǜ.
哥哥的生活 很没有 规律。

兄の生活はとても不規則だ。

081 3
guī zé
规则
规则、ルール、規定
≈ 法则、规定
fǎzé, guīdìng

Dàjiā dōu yào zūnshǒu jiāotōng guīzé.
大家都要 遵守 交通规则。
みんなが交通規則を守らなければならない。

082 3
guǐ
鬼
幽霊
≈ 鬼怪
guǐguài

Xiǎo shíhou yéye cháng gěi wǒ jiǎng guǐ de gùshi.
小时候 爷爷常给我 讲鬼的故事。
子供の頃、おじいさんはよく幽霊の話をしてくれた。

083 3
guō
锅
鍋

Zhège guō kěyǐ zuò shí ge rén de fàn.
这个锅 可以做 十个人的饭。
この鍋で10人分のご飯が作れます。

084 3
guó huì
国会
議会、国会

Guóhuì jiù yùsuàn fǎ'àn jìnxíngle jīliè biànlùn.
国会就预算法案 进行了 激烈辩论。
国会では予算案について激論が交わされた。

085 3
guó jí
国籍
国籍

Zhōngguó jìnzhǐ yōngyǒu shuāngchóng guójí.
中国 禁止 拥有 双重国籍。
中国は二重国籍を禁止している。

086 3
hǎi
海
海、海洋
≈ 大海、海洋
dàhǎi, hǎiyáng

Wǒ qù Dàlián shí, dì yī cì kàndàole hǎi.
我去大连时，第一次 看到了 海。
私は大連に行った時、初めて海を見ました。

087 3
hǎi xiān
海鲜
海鮮料理

Zhè tiáo jiēshang yǒu hěn duō chī hǎixiān de fàndiàn.
这条街上 有很多 吃海鲜的饭店。
この通りには海鮮料理の店がたくさんある。

088 3
hán jià
寒假
冬休み
⇔暑假；≈冬假
shǔjià；dōngjià

Jīnnián de hánjià yǒu yí ge duō yuè.
今年的寒假 有一个多月。
今年の冬休みは1ヶ月以上ある。

089 ☐ 3	hàn **汗**	汗 ≈ 汗水、汗珠 hànshuǐ, hànzhū	Xiàtiān chū hàn duō, yào duō hē shuǐ. 夏天 出汗多，要多喝水。 夏は汗をかくので、水をたくさん飲みましょう。
090 ☐ 3	háng bān **航班**	定期便 ≈ 航次 hángcì	Yīnwèi táifēng, qù Chōngshéng de hángbān qǔxiāo le. 因为 台风，去冲绳的 航班 取消了。 台風のため沖縄行きの便が欠航になった。
091 ☐ 3	háng kōng **航空**	航空	Wǒ cháng zuò wàiguó hángkōng gōngsī de fēijī. 我常坐 外国航空公司的 飞机。 私は外国の航空会社の飛行機によく乗る。
092 ☐ 3	hào mǎ **号码**	番号、ナンバー	Xiànzài de diànhuà hàomǎ dōu shì shíyī wèi shù le. 现在 的电话号码 都是 11 位数了。 今、電話番号はもう11桁になった。
093 ☐ 3	hé tong **合同**	契約書 ≈ 协议、契约 xiéyì, qìyuē	Shuāngfāng dàibiǎo zài hétongshang qiānle zì. 双方代表 在合同上 签了字。 双方の代表は契約書にサインした。
094 ☐ 3	hé zi **盒子**	箱、ケース	Zhège hézili zhuāng de shì shénme? 这个盒子里 装的 是什么？ この箱には何が入っていますか。
095 ☐ 3	hú tòng **胡同**	路地、横丁 ≈ 巷子、小巷 xiàngzi, xiǎoxiàng	Wǒ jiā yǐqián zhùzài Běijīng de hútòngli. 我家以前 住在 北京的胡同里。 私の家は以前、北京の路地にあった。
096 ☐ 3	hú zi **胡子**	ひげ ≈ 胡须 húxū	Bàba de húzi zhǎngde hěn kuài. 爸爸的胡子 长得 很快。 父のひげは伸びるのが速い。

名詞

動詞

形容詞

副詞

097 □ 3	huā shēng 花生	落花生、ピーナッツ	Shāndōngshěng shì huāshēng de zhǔyào chǎndì. 山东省是 花生的 主要产地。
			山東省は落花生の主要な産地である。

098 □ 3	huà zhuāng pǐn 化妆品	化粧品	Tā zài bǎihuò shāngdiàn mài huàzhuāngpǐn. 她在百货商店 卖 化妆品。
			彼女はデパートで化粧品を売っている。

099 □ 3	huà miàn 画面	画面、シーン ≈ 场面、镜头 chǎngmiàn, jìngtóu	Zhège diànyǐng de huàmiàn fēicháng měilì. 这个电影的画面 非常美丽。
			この映画のシーンは非常にきれいだ。

100 □ 3	huà xiàng 画像	画像、肖像画 ≈ 肖像画 xiàoxiànghuà	Guǎngchǎngshang lìzhe sì fú jùdà de huàxiàng. 广场上 立着四幅巨大的画像。
			広場には巨大な肖像画が4枚立っている。

101 □ 3	huàn xiǎng 幻想	空想、幻想 ⇔ 现实；≈ 梦想、空想 xiànshí；mèngxiǎng, kōngxiǎng	Zhǐyǒu nǔlì cái néng bǎ huànxiǎng biànchéng xiànshí. 只有努力 才能 把幻想变成现实。
			努力してこそ、空想を現実に変えることができる。

102 □ 3	huǎng 谎	うそ ≈ 谎言、谎话 huǎngyán, huǎnghuà	Dàrenmen cháng shuō hǎo háizi bù shuō huǎng. 大人们常说 好孩子 不说谎。
			よい子は嘘をつかないと大人たちはよく言う。

103 □ 2	hūnyīn 婚姻	婚姻、結婚 ≈ 婚配、姻缘 hūnpèi, yīnyuán	Wéichíle qī nián de hūnyīn zhōngyú pòliè le. 维持了 七年的婚姻 终于 破裂了。
			7年間続いた結婚生活がついに破綻した。

104 □ 3	huǒ bàn 伙伴	仲間、同僚 ≈ 同伴、朋友 tóngbàn, péngyou	Tā de tuánduì shì wǒmen de hézuò huǒbàn. 他的团队是 我们的 合作伙伴。
			彼のチームは私たちのビジネスパートナーです。

105 ☐ 3
jī guān
机关
役所、官庁
≈ 组织、单位
zǔzhī, dānwèi

Bàba yǐqián zài zhèngfǔ jīguān gōngzuò.
爸爸 以前 在 政府机关 工作。

父は以前、役所に勤めていた。

---

106 ☐ 3
jī ròu
肌肉
筋肉

Gēge pǎobù shí bǎ jīròu lāshāng le.
哥哥跑步时 把肌肉 拉伤了。

兄はジョギング中に肉離れを起こした。

---

107 ☐ 3
jì yì
记忆
記憶
⇔忘却；≈回忆、追思
wàngquè; huíyì, zhuīsī

Tā yǒngyuǎn liúzàile wǒ de jìyìlǐ.
他永远 留在了 我的记忆里。

彼はいつまでも私の記憶に残っている。

---

108 ☐ 3
jì lǜ
纪律
規律
≈规矩、秩序
guīju, zhìxù

Nàge sīlì zhōngxué de jìlǜ fēicháng yángé.
那个 私立中学的纪律 非常严格。

その私立中学校の校則は非常に厳しい。

---

109 ☐ 3
jì jié
季节
季節、シーズン
≈时节、时令
shíjié, shílìng

Zài Zhōngguó, qiūtiān shì xīnshēng rùxué de jìjié.
在中国，秋天是 新生入学的 季节。

中国では、秋は新入生が入学する季節です。

---

110 ☐ 3
jiā wù
家务
家事
≈家务活
jiāwùhuó

Wǒ jīngcháng bāng māma zuò jiāwù.
我经常 帮妈妈 做家务。

私はよく母の家事を手伝います。

---

111 ☐ 3
jià
假
休暇
≈假期
jiàqī

Jīnnián Chūnjié wǒ yǒu qī tiān jià.
今年春节 我有 七天假。

今年の旧正月には7日間の休暇がある。

---

112 ☐ 3
jià rì
假日
休日
≈节日
jiérì

Yí dào jiàrì, zhèlǐ jiù fēicháng rènao.
一到假日，这里 就 非常热闹。

休日になると、ここは非常に賑やかです。

名詞

動詞

形容詞

副詞

113 3

jiān

肩

肩

≈ 肩膀
jiānbǎng

Zuò cāo kěyǐ jiǎnqīng jiān de téngtòng.

做操可以减轻肩的疼痛。

体操をすることで肩の痛みを軽減できる。

---

114 3

jiǎn zi

剪子

はさみ

≈ 剪刀
jiǎndāo

Zhè bǎ jiǎnzi shì māma zuò yīfu yòng de.

这把剪子是 妈妈 做衣服用的。

このはさみは母が服を作るのに使います。

---

115 3

jiàn zhù (wù)

建筑(物)

建築、建造物

Huánqiú dàshà shì zhèlǐ zuì gāo de jiànzhù.

环球大厦是 这里 最高的建筑。

ユニバーサルビルはここで一番高い建物です。

---

116 3

jiǎng

奖

赏、赏状、赏金

≈ 奖赏、奖项
jiǎngshǎng, jiǎngxiàng

Tā xiěde xiǎoshuō dé jiǎng le.

她写的小说 得奖了。

彼女が書いた小説は賞を獲得した。

---

117 3

jiāo qū

郊区

郊外

⇔ 市区 ; ≈ 郊外
shìqū ;   jiāowài

Wǒ zhùzài jiāoqū, shàngbān hěn huā shíjiān.

我住在郊区，上班 很花时间。

私は郊外に住んでいるので、通勤に時間がかかる。

---

118 3

jiào tú

教徒

信者、信徒

≈ 信徒
xìntú

Tā xìn fó, shì yí ge qiánchéng de jiàotú.

他信佛，是一个 虔诚的 教徒。

彼は仏を信じ、敬虔な仏教徒である。

---

119 2

jiào yǎng

教养

教養、しつけ

≈ 修养、涵养
xiūyǎng, hányǎng

Zhège rén yántán cūlǔ, quēfá jiàoyǎng.

这个人 言谈粗鲁，缺乏教养。

この人は言葉遣いが粗野で、教養に欠けている。

---

120 3

jiē duàn

阶段

段階、ステップ

≈ 进程
jìnchéng

Gōngchéng jìnxíngdàole guānjiàn de jiēduàn.

工程进行到了关键的阶段。

工事は正念場にさしかかっている。

121 ☐ 3
jié gòu
结构
構造、構成
≈ 构造
gòuzào

Zhè piān lùnwén de jiégòu bú tài hǎo.
这篇论文的 结构 不太好。
この論文は構成があまりよくない。

122 ☐ 3
jié lùn
结论
結論
≈ 论断
lùnduàn

Wǒ bù tóngyì nǐ zuò de jiélùn.
我不同意 你做的 结论。
私はあなたが出した結論に同意しない。

123 ☐ 3
jiě mèi
姐妹
姉妹
≈ 姊妹
zǐmèi

Shànghǎi hé Dàbǎn shì jiěmèi chéngshì.
上海和大阪是 姐妹城市。
上海と大阪は姉妹都市です。

124 ☐ 3
jīn róng
金融
金融
≈ 经济、财政
jīngjì, cáizhèng

Zuìjìn jīnróng shìchǎng bú tài jǐngqì.
最近 金融市场 不太景气。
最近の金融市場はあまり景気がよくない。

125 ☐ 3
jìn dài
近代
近代
⇔ 古代
gǔdài

Wǒ de xìngqù shì jìndài yǐhòu de kēxuéshǐ.
我的兴趣是 近代以后的 科学史。
私の趣味は近代以降の科学史です。

126 ☐ 3
jīng lì
精力
精力

Tā xìnggé huóyuè, jīnglì chōngpèi.
她 性格 活跃，精力 充沛。
彼女は性格が活発で、精力的だ。

127 ☐ 3
jǐng
井
井戸
≈ 水井
shuǐjǐng

Wǒ lǎojiā de yuànzili yǒu yì kǒu jǐng.
我老家的 院子里 有一口井。
故郷の家の庭には井戸がある。

128 ☐ 3
jìng zi
镜子
鏡

Mèimei tèbié xǐhuan zhào jìngzi.
妹妹 特别喜欢 照镜子。
妹は鏡を見るのが大好きです。

129 ③

jù

剧

劇、芝居

≈ 戏剧
xìjù

Zhège jù hěn yǒu yìsi, wǒ kànle sān biàn.

这个剧 很有意思，我 看了三遍。

この劇はとてもおもしろく、私は3回も見た。

---

130 ②

jù tuán

剧团

劇団

Wǒmen jùtuán zhǐ yǒu shí jǐ ge rén.

我们剧团 只有 十几个人。

私たちの劇団は十数人しかいない。

---

131 ③

jù lí

距离

距離

≈ 间隔、差距
jiàngé, chājù

Wǒ jiā dào chēzhàn yǒu yìdiǎnr jùlí.

我家到车站 有一点儿 距离。

私の家は駅まで少し距離がある。

---

132 ③

jù huì

聚会

会合、集い

≈ 集会、会议
jíhuì, huìyì

Wǒ jīntiān yào cānjiā tóngxué de jùhuì.

我今天 要参加 同学的聚会。

私は今日、クラスメートの会合に出る予定だ。

---

133 ③

jué suàn

决算

決算

⇔ 预算；≈ 结算
yùsuàn；jiésuàn

Bàba zài gōngsī fùzé cáiwù juésuàn.

爸爸 在公司 负责财务决算。

父は会社で財務決算を担当している。

---

134 ③

jūn shì

军事

軍事

≈ 武装
wǔzhuāng

Gēge duì jūnshì wèntí hěn gǎn xìngqù.

哥哥 对军事问题 很感兴趣。

兄は軍事問題にとても興味を持っている。

---

135 ③

kǎ chē

卡车

トラック

Zhè liàng kǎchēshang dōu shì jiùzāi wùzī.

这辆卡车上 都是 救灾物资。

このトラックに積んであるのは全て災害救援物資だ。

---

136 ③

kāi guān

开关

スイッチ

≈ 电门
diànmén

Zhège kāiguān shì kāi zǒuláng diàndēng de.

这个开关是 开走廊电灯的。

このスイッチは廊下の電灯をつけるためのものです。

---

137 ☐ ③

kè tí

课题

課題、テーマ

Wǒmen fǎnfù tǎolùnle jīnnián de yánjiū kètí.

我们 反复讨论了 今年的研究课题。

私たちは今年の研究課題について議論を重ねた。

---

138 ☐ ③

kōng jiān

空间

空間

Yǔzhòu de kōngjiān shì wúxiàn de.

宇宙的空间是 无限的。

宇宙の空間は無限である。

---

139 ☐ ③

kǒu dai

口袋

袋、ポケット

≈ 兜儿
　 dōur

Zhè jiàn yīfu yí ge kǒudai dōu méi yǒu.

这件衣服 一个口袋 都没有。

この服にはポケットが一つもない。

---

140 ☐ ②

kǒu yīn

口音

なまり、方言

≈ 方音
　 fāngyīn

Wǒmen lǎoshī de Dōngběi kǒuyīn hěn zhòng.

我们老师的 东北口音 很重。

私たちの先生は東北訛りが強い。

---

141 ☐ ③

kù zi

裤子

ズボン、パンツ

Jīnnián liúxíng dà kùtuǐ de kùzi.

今年 流行 大裤腿的裤子。

今年はすその広いズボンがはやっている。

---

142 ☐ ③

kuài dì

快递

速達

Wǒ zhège xuéqī zài kuàidì gōngsī dǎgōng.

我这个学期 在快递公司 打工。

私は今学期、宅配会社でアルバイトをしている。

---

143 ☐ ③

lā jī

垃圾

ゴミ

≈ 废物
　 fèiwù

Qǐng àihù huánjìng, búyào luàn rēng lājī.

请爱护 环境，不要 乱扔垃圾。

環境を大切にし、ゴミのポイ捨てをしないで下さい。

---

144 ☐ ②

láo dòng lì

劳动力

労働力、労働者

Zhōngguó de láodònglì zīyuán bǐjiào fēngfù.

中国的 劳动力资源 比较丰富。

中国の労働力資源は比較的豊富である。

145
☐ 3
lǎo xiāng
老乡
同郷の人
≈ 同乡
tóngxiāng

Wǒ hé tā shì lǎoxiāng.
我和他 是老乡。
私と彼は同郷です。

146
☐ 3
lè yuán
乐园
楽園、遊園地
≈ 游乐园
yóulèyuán

Wǒ qùguo sān cì Dísīní lèyuán.
我 去过三次 迪斯尼乐园。
私はディズニーランドに3回行ったことがあります。

147
☐ 3
lèi
泪
涙
≈ 泪水、眼泪
lèishuǐ, yǎnlèi

Guòqù cháng shuō "nán'ér yǒu lèi bù qīng tán".
过去常说"男儿 有泪 不轻弹"。
昔はよく男は簡単には涙を流さないと言ったものだ。

148
☐ 3
lǐ mào
礼貌
礼儀、マナー

Tā de jǔzhǐ hěn yǒu lǐmào.
她的举止 很有礼貌。
彼女の振る舞いはとても礼儀正しい。

149
☐ 2
lǐ táng
礼堂
講堂、ホール
≈ 讲堂
jiǎngtáng

Jīnnián de bìyèshì zài lǐtáng jǔxíng.
今年的毕业式 在礼堂 举行。
今年の卒業式は講堂で行われる。

150
☐ 3
lì chǎng
立场
立場、観点
≈ 观点、态度
guāndiǎn, tàidù

Wǒ guó zài cì biǎomíngle zìjǐ de lìchǎng.
我国 再次表明了 自己的立场。
我が国は、改めて自らの立場を表明した。

151
☐ 3
lì xī
利息
利息、利子
⇔ 本金
běnjīn

Yínháng yòu jiàng lìxī le.
银行 又降 利息了。
銀行はまた利息を下げた。

152
☐ 3
lì yì
利益
利益
≈ 好处、益处
hǎochù, yìchù

Wǒmen bù néng zhǐ gù gèrén lìyì.
我们不能 只顾 个人利益。
私たちは個人の利益だけを考えてはいけない。

153 ☐ 3
liǎn sè
脸色
颜色、表情
≈ 表情、神色
biǎoqíng, shénsè

Nǐ liǎnsè hěn bù hǎo, bù shūfu ma?
你脸色 很不好，不舒服吗？
顔色が悪いですが、気分が悪いのですか。

154 ☐ 2
liáng xīn
良心
良心
≈ 天良、良知
tiānliáng, liángzhī

Zuòshì yào duìdeqǐ zìjǐ de liángxīn.
做事 要对得起 自己的良心。
事をなすには自分の良心に背いてはいけない。

155 ☐ 3
liáng shi
粮食
食糧、穀物
≈ 食粮
shíliáng

Jīnnián quánguó de liángshi dōu shì dà fēngshōu.
今年全国的粮食 都是大丰收。
今年、全国の穀物はいずれも大豊作だった。

156 ☐ 3
lín jū
邻居
隣近所、隣人
≈ 邻人、街坊
línrén, jiēfang

Māma zài wàimiàn gēn línjū liáotiānr ne.
妈妈 在外面 跟邻居 聊天儿呢。
母は外で近所の人とおしゃべりをしている。

157 ☐ 3
lín yù
淋浴
シャワー
≈ 洗浴
xǐyù

Xuéshēng sùshè yǒu línyù shèbèi, hěn fāngbiàn.
学生宿舍 有淋浴设备，很方便。
学生寮にはシャワー設備があって便利です。

158 ☐ 2
lǐng dài
领带
ネクタイ

Wǒ gěi bàba mǎile yì tiáo lǐngdài.
我给爸爸 买了 一条领带。
私は父にネクタイを買ってあげた。

159 ☐ 2
liú yù
流域
流域

Zhōnghuá wénmíng fāshēngyú Huánghé liúyù.
中华文明 发生于 黄河流域。
中華文明は黄河流域で発生した。

160 ☐ 3
lù xiàng
录像
録画
≈ 摄像
shèxiàng

Nǐ yǒu zuótiān zúqiú bǐsài de lùxiàng ma?
你有 昨天 足球比赛的 录像吗？
昨日のサッカーの試合の録画はありますか。

名詞　動詞　形容詞　副詞

21

161 ☐ ② **旅途** lǚ tú
旅の途中、旅路

Wǒ zài lǚtúzhōng jiāole yí ge péngyou.
我在旅途中 交了 一个朋友。

私は旅行中に友達が1人できた。

162 ☐ ③ **轮子** lún zi
車輪、歯車
≈ 车轮、齿轮
　 chēlún, chǐlún

Zhège lǚxíngxiāng yǒu sì ge lúnzi.
这个旅行箱 有四个轮子。

このスーツケースにはキャスターが4つついている。

163 ☐ ③ **买卖** mǎi mai
商売
≈ 生意、交易
　 shēngyi, jiāoyì

Gǔjīn zhōngwài, zuò mǎimai dōu yào jiǎng chéngxìn.
古今中外，做买卖 都要讲 诚信。

古今東西，商売は誠実さが最も重要である。

164 ☐ ③ **毛巾** máo jīn
タオル

Tā dìgěi wǒ yì tiáo máojīn, ràng wǒ cā hàn.
他递给我 一条毛巾，让我擦汗。

彼は汗を拭くようにと私にタオルを手渡してくれた。

165 ☐ ③ **矛盾** máo dùn
矛盾
≈ 冲突
　 chōngtū

Xīn de mínfǎ shǐ shèhuì máodùn yǒu suǒ huǎnjiě.
新的民法 使社会矛盾 有所缓解。

新しい民法は社会の矛盾をいくらか緩和した。

166 ☐ ③ **贸易** mào yì
貿易
≈ 商业、交易
　 shāngyè, jiāoyì

Tā yìzhí cóngshì guójì màoyì gōngzuò.
他 一直从事 国际贸易工作。

彼はずっと国際貿易の仕事をしている。

167 ☐ ③ **帽子** mào zi
帽子

Zhè dǐng màozi zhēn hǎokàn!
这顶帽子 真好看！

この帽子は本当にすてきだ！

168 ☐ ② **眉毛** méi mao
眉毛、眉

Tā de méimao yòu hēi yòu cū.
他的眉毛 又黑又粗。

彼の眉毛は黒くて太い。

169 ③
mèng
梦
夢、空想
≈ 梦想
mèngxiǎng

Zuìjìn wǒ yèli jīngcháng zuòmèng.
最近 我夜里 经常 做梦。
私は最近、夜によく夢を見ます。

170 ③
mí xìn
迷信
迷信
⇔科学
kēxué

Mínsú hé míxìn wánquán shì liǎng huí shì.
民俗和迷信 完全 是两回事。
民俗と迷信はまったくの別ものだ。

171 ②
mí
谜
なぞなぞ、クイズ
≈ 谜语、谜团
míyǔ, mítuán

Shìjièshang yǒu hěn duō wèi jiě zhī mí.
世界上 有很多 未解之谜。
世の中には未解決の謎がたくさんある。

172 ③
mì mì
秘密
秘密
≈ 机密、隐私
jīmì, yǐnsī

Búyào suíbiàn dǎtīng biéren de mìmì.
不要 随便打听 别人的秘密。
むやみに人の秘密を尋ねてはいけない。

173 ③
miàn mào
面貌
顔立ち、容貌；様相
≈ 容貌、面容
róngmào, miànróng

Wǒ jiāxiāng de miànmào fāshēngle jùdà biànhuà.
我家乡的面貌 发生了 巨大变化。
私の故郷の様相は大きく変わった。

174 ③
míng pái
名牌
ブランド

Zhège bāo shì guójì zhīmíng de míngpái.
这个包 是国际知名的名牌。
このバッグは国際的に有名なブランドです。

175 ③
míng piàn
名片
名刺

Wǒ zuótiān gāng yìnle yì bǎi zhāng míngpiàn.
我昨天 刚印了 一百张名片。
私は昨日、名刺を100枚印刷したばかりです。

176 ③
míng rén
名人
著名人、有名人
≈ 名流、名士
míngliú, míngshì

Tā shì wǒmen xuéxiào de míngrén.
她是 我们学校的 名人。
彼女は私たちの学校の有名人です。

名詞

動詞

形容詞

副詞

177 3

míng yì
名义

名目、名義

≈名目
míngmù

Zhè piān wénzhāng shì yòng tā de míngyì fābiǎo de.
这篇文章是 用他的名义 发表的。

この文章は彼の名義で発表された。

---

178 3

mìng lìng
命令

命令

≈号令、指示
hàolìng, zhǐshì

Tèjǐng jiēdào mìnglìng, lìjí gǎndàole xiànchǎng.
特警 接到命令，立即 赶到了现场。

SWATは命令を受けて，直ちに現場に駆けつけた。

---

179 3

nǎi lào
奶酪

チーズ

Wǒ hái bú tài xíguàn chī nǎilào.
我还 不太习惯 吃奶酪。

私はまだチーズを食べ慣れていません。

---

180 3

nǎi yóu
奶油

バター

Zuò dàngāo líbukāi nǎiyóu.
做蛋糕 离不开 奶油。

ケーキを作るのにバターは欠かせない。

---

181 3

nài xīn
耐心

辛抱、根気

Tā zuìhòu zhōngyú shīqùle nàixīn.
他最后终于 失去了 耐心。

彼はとうとう忍耐力を失った。

---

182 3

nán xìng
男性

男性

⇔女性
nǚxìng

Wǒmen gōngsī duì nánxìng hé nǚxìng yíshì-tóngrén.
我们公司 对男性和女性 一视同仁。

私たちの会社では男性と女性を平等に扱っている。

---

183 3

nán tí
难题

難題

≈困难
kùnnan

Nǐ búyào zài gěi wǒ chū nántí le.
你不要 再给我 出难题了。

これ以上、私を困らせないでくれ。

---

184 3

nàn mín
难民

難民

≈灾民
zāimín

Nànmínmen dédàole císhàn tuántǐ de yuánzhù.
难民们 得到了 慈善团体的援助。

難民たちは慈善団体の援助を受けた。

185 ③ néng yuán 能源
エネルギー
≈ 动力 dònglì

Wèile jiéshěng néngyuán, tā xiǎngle hěn duō bànfǎ.
为了 节省能源，他想了 很多办法。
エネルギーを節約する為に彼は多くの方法を考えた。

186 ③ nǚ xìng 女性
女性、婦人
⇔ 男性；≈ 妇女 nánxìng ; fùnǚ

Yòu'ér jiàoshī yǐqián shì nǚxìng de zhíyè.
幼儿教师 以前是 女性的职业。
かつて幼稚園の先生は女性の職業だった。

187 ③ pāi zi 拍子
拍子、リズム
≈ 节奏 jiézòu

Tā yòng shǒu dǎ pāizi jiāo háizimen chàng gē.
他用手 打拍子 教孩子们唱歌。
彼は手拍子をとって子供たちに歌を教えています。

188 ③ pàng zi 胖子
太った人、でぶ
⇔ 瘦子 shòuzi

Wǒ zuìjìn pàngle, wánquán chéngle pàngzi le.
我最近 胖了，完全 成了胖子了。
私は最近太って、すっかりでぶになりました。

189 ③ pí fū 皮肤
皮膚
≈ 表皮 biǎopí

Pífū bù néng cháng shíjiān bàolùzài yángguāngxià.
皮肤 不能 长时间 暴露在 阳光下。
皮膚は長時間日光にさらしてはならない。

190 ③ pí qi 脾气
気性、性格
≈ 性格、性情 xìnggé, xìngqíng

Tā píqi bù hǎo, ài shēngqì.
他脾气 不好，爱 生气。
彼は気性が悪く、よく怒る。

191 ③ pǐn wèi 品味
品格と趣味
≈ 品位、气质 pǐnwèi, qìzhì

Tā chuān yīfu hěn yǒu pǐnwèi.
她穿衣服 很有 品味。
彼女の服装はセンスがいい。

192 ③ píng lùn 评论
評論
≈ 议论、批评 yìlùn, pīpíng

Tā jīngcháng zài bàoshang fābiǎo wénxué pínglùn.
他经常 在报上 发表 文学评论。
彼はよく新聞に文学評論を発表する。

193 ☐ ③

qí jì

奇迹

奇跡

Zhè cì shǒushù shì yīxuéshang de yí ge qíjì.

这次手术是 医学上的 一个奇迹。

今回の手術は医学上の奇跡だった。

---

194 ☐ ③

qí zi

旗子

旗
≈ 旗、旗帜
　 qí,　qízhì

Huìchǎng zhōuwéi chāle hěn duō xiānyàn de qízi.

会场周围 插了 很多 鲜艳的旗子。

会場周辺には鮮やかな旗がたくさん立てられている。

---

195 ☐ ③

qì fēn

气氛

雰囲気
≈ 氛围
　 fēnwéi

Tāmen zài yǒuhǎo de qìfēnzhōng jìnxíngle huìtán.

他们 在友好的 气氛中 进行了会谈。

彼らは友好的な雰囲気の中で会談を行った。

---

196 ☐ ③

qì shuǐ

汽水

炭酸飲料

Xiànzài hěn shǎo néng jiàndào zhè zhǒng qìshuǐ le.

现在 很少能见到 这种汽水了。

今ではこのようなサイダーはあまり見かけない。

---

197 ☐ ③

qì yóu

汽油

ガソリン

Tīngshuō qìyóu yòu zhǎngjià le.

听说 汽油 又涨价了。

ガソリンがまた値上がりしたそうです。

---

198 ☐ ③

qián tú

前途

前途
≈ 出息、前程
　 chūxi,　qiánchéng

Zhège niánqīngrén hěn yǒu qiántú.

这个年轻人 很有前途。

この若者は前途有望だ。

---

199 ☐ ③

qiáng dào

强盗

強盗

Wǒ de bāo zài lùshang bèi qiángdào qiǎngzǒu le.

我的包 在路上 被强盗 抢走了。

私は道で強盗にかばんを奪われた。

---

200 ☐ ②

qīn qi

亲戚

親戚
≈ 亲人、亲属
　 qīnrén, qīnshǔ

Wǒ jiā zài zhèr zhǐ yǒu yí ge qīnqi.

我家 在这儿 只有一个亲戚。

私が家族はここには親戚が1人しかいません。

201 ③ qīng xiàng 倾向

倾向、趨勢

Yào jíshí zhìzhǐ shèhuìshang de bùliáng qīngxiàng.
要及时制止 社会上的 不良倾向。

社会の悪い傾向を速やかに阻止しなければならない。

202 ② qíng diào 情调

情緒

≈ 格调、情趣
gédiào, qíngqù

Wǒ hěn xǐhuan zhè jiā kāfēiguǎn de qíngdiào.
我很喜欢 这家咖啡馆的 情调。

私はこの喫茶店の雰囲気がとても好きだ。

203 ③ qíng jié 情节

いきさつ、筋

≈ 剧情
jùqíng

Zhège diànyǐng de qíngjié tài jīngxiǎn le.
这个电影的情节 太惊险了。

この映画のストーリーはあまりにもスリリングだ。

204 ③ qióng rén 穷人

貧しい人

⇔ 富人 ; ≈ 贫民
fùrén ;　 pínmín

Císhàn jīgòu wèi qióngrén tígōngle shíwù.
慈善机构 为穷人 提供了食物。

慈善団体は貧しい人々に食料を提供した。

205 ③ quán shuǐ 泉水

わき水、泉

≈ 泉、山泉
quán, shānquán

Zhèli de quánshuǐ fēicháng yǒumíng.
这里的泉水 非常有名。

ここの泉は非常に有名です。

206 ③ rén jiān 人间

世の中、世間

≈ 人世、世间
rénshì, shìjiān

Tā xiàng yí ge tiānshǐ, bǎ ài sǎ xiàng rénjiān.
她像一个天使，把爱 洒向 人间。

彼女は天使のように、世の中に愛を注いでいます。

207 ② rén qíng 人情

人情、私情

≈ 情面、情谊
qíngmiàn, qíngyì

Tā dǒng rénqíng shìgù, yǒu hěn duō péngyou.
他懂 人情世故，有 很多朋友。

彼は世間のことを熟知し、たくさんの友人がいる。

208 ② rì chéng 日程

日程、スケジュール

≈ 安排、计划
ānpái,　jìhuà

Wǒmen lǚxíng de rìchéng hěn jǐn.
我们 旅行的日程 很紧。

私たちの旅行のスケジュールはつまっています。

名詞　動詞　形容詞　副詞

27

209 ③
rì jì
日记

日記、日誌

≈ 日志
rìzhì

Wǒ yǒu měi tiān xiě rìjì de xíguàn.
我有 每天 写日记的习惯。

私は毎日日記をつける習慣がある。

210 ③
rì yòng pǐn
日用品

日用品

Rìyòngpǐn zài chāoshì jiù néng mǎidào.
日用品 在超市 就能买到。

日用品はスーパーで買えます。

211 ②
sǎng zi
嗓子

のど；声

≈ 喉咙；嗓音
hóulóng；sǎngyīn

Wǒ sǎngzi fāyǎng, dàgài shì gǎnmào le.
我嗓子 发痒，大概是 感冒了。

のどがかゆいので、風邪をひいたのかもしれない。

212 ③
sēn lín
森林

森林、森

Yí dà piàn sēnlín bèi shānhuǒ shāohuǐ le.
一大片森林 被山火 烧毁了。

山火事で広大な森林が焼失した。

213 ③
shā mò
沙漠

砂漠

Shāmò dìqū qìhòu gānzào, hěn shǎo xià yǔ.
沙漠地区 气候干燥，很少 下雨。

砂漠地帯の気候は乾燥し、めったに雨が降らない。

214 ②
shā tān
沙滩

砂浜、ビーチ

Yóukèmen zhèngzài shātānshang shài tàiyáng.
游客们 正在沙滩上 晒太阳。

観光客が砂浜でひなたぼっこをしている。

215 ③
sháo zi
勺子

さじ、ひしゃく

Wǒ qù chāoshì mǎile sháozi děng cānjù.
我去超市 买了 勺子等餐具。

スーパーにスプーンなどの食器を買いに行った。

216 ③
shēn cái
身材

体つき

≈ 身体、体格
shēntǐ, tǐgé

Tā xiàng tā fùqīn, shēncái gāodà.
他像他父亲，身材 高大。

彼は父親に似て、背が高く体が大きい。

217 □ 3

shén jīng

神经

神経

Méi guānxì, nǐ búyào tài shénjīng guòmǐn.

没关系，你不要太 神经过敏。

大丈夫だよ、あまり神経過敏にならないで。

218 □ 3

shēng rén

生人

見知らぬ人

⇔熟人；≈陌生人
shúrén ； mòshēngrén

Xiǎo gūniang kànjiàn shēngrén jiù jǐnzhāng.

小姑娘 看见生人 就紧张。

小さい女の子は知らぬ人を見ると緊張する。

219 □ 3

shéng zi

绳子

縄、ひも、ロープ

≈绳索
shéngsuǒ

Zhè gēn shéngzi bù jiēshi, huàn yì gēn ba.

这根绳子 不结实，换一根吧。

このロープは丈夫でないから、交換しよう。

220 □ 3

shī

诗

詩

≈诗歌、诗词
shīgē,   shīcí

Zhè shǒu shī juéduì bú shì tā xiěde.

这首诗 绝对不是 他写的。

この詩は決して彼が書いたものではない。

221 □ 3

shì xiān

事先

事前

≈预先、事前
yùxiān, shìqián

Cháyuè zīliào xūyào shìxiān shēnqǐng.

查阅资料 需要事先 申请。

資料の閲覧には事前の申し込みが必要です。

222 □ 3

shōu yīn jī

收音机

ラジオ

Wǒ de xīn shǒujī yǒu shōuyīnjī gōngnéng.

我的新手机 有收音机功能。

私の新しい携帯電話にはラジオの機能がある。

223 □ 3

shǒu duàn

手段

手段；小細工

≈方法；手腕
fāngfǎ ； shǒuwàn

Wèi dádào gèrén mùdì, tā bù zé shǒuduàn.

为达到 个人目的，他不择手段。

個人の目的を達成するために、彼は手段を選ばない。

224 □ 3

shǒu shù

手术

手術

Jǐ ge yīshēng dōu jiànyì tā zuò shǒushù.

几个医生 都建议他 做手术。

数人の医者が彼に手術を勧めた。

名詞

動詞

形容詞

副詞

225 ③

shǒu dū

首都

首都、都

≈首府
shǒufǔ

Shǒudū yě bèi chēngwéi shǒushàn zhī qū.

首都 也被称为 首善之区。

首都は最も優れた地域とも呼ばれる。

---

226 ②

shòu mìng

寿命

寿命

≈年龄；年限
niánlíng ; niánxiàn

Jùshuō gǒu de píngjūn shòumìng zhǐ yǒu shísì nián.

据说 狗的平均寿命 只有 14 年。

犬の平均寿命はたった14年だと言われている。

---

227 ③

shū fǎ

书法

書道

Tā de shūfǎ fēicháng yǒumíng.

他的书法 非常有名。

彼の書道は非常に有名だ。

---

228 ③

shū cài

蔬菜

野菜

≈青菜
qīngcài

Zhège chāoshì shūcài pǐnzhǒng hěn duō.

这个超市 蔬菜品种很多。

このスーパーは野菜の種類が多い。

---

229 ③

shú yǔ

熟语

熟語

≈惯用语
guànyòngyǔ

"Chī cù" shì Hànyǔ de shúyǔ.

"吃醋" 是 汉语的熟语。

喫酢（やきもちを焼く）は中国語の熟語です。

---

230 ③

shù xué

数学

数学

≈算术
suànshù

Tā shùxué chéngjì fēicháng yōuxiù.

他数学成绩 非常优秀。

彼は数学の成績が非常に優秀だ。

---

231 ③

shuǐ ní

水泥

セメント

Shuǐní shì zuì chángjiàn de jiànzhù cáiliào.

水泥 是最常见的建筑材料。

セメントは最も一般的な建築材料である。

---

232 ③

shuì mián

睡眠

睡眠

Wǒ zuìjìn shuìmián bú tài hǎo.

我最近 睡眠 不太好。

私は最近あまりよく眠れない。

233 ☐ ③

sù liào

塑 料

プラスチック、ビニール

Sùliào shì yì bǎi duō nián qián fāmíng de.
塑料 是一百多年前发明的。

プラスチックは100年あまり前に発明された。

234 ☐ ③

tǎ

塔

仏塔、塔

≈ 佛塔
fótǎ

Tā shì fójiào wénhuà de chǎnwù.
塔是 佛教文化的 产物。

塔は仏教文化の産物である。

235 ☐ ③

tí mù

题 目

題目、テーマ

≈ 标题
biāotí

Jīntiān wǒmen tǎolùn de tímù shì shénme?
今天 我们 讨论的题目 是什么?

今日私たちが討論するテーマは何ですか。

236 ☐ ③

tǐ cāo

体 操

体操

Tā shì shàng jiè Àoyùnhuì tǐcāo guànjūn.
他是 上届奥运会 体操冠军。

彼は前回のオリンピック体操のチャンピオンだ。

237 ☐ ③

tǐ lì

体 力

体力

≈ 体能、精力
tǐnéng, jīnglì

Wǒ de bìng hǎo le, dàn tǐlì hái méi huīfù.
我的病 好了，但体力 还没恢复。

病気は治ったが、体力はまだ回復していない。

238 ☐ ③

tóng nián

童 年

幼年期、少年期

≈ 幼年
yòunián

Bàba tóngnián chīle hěn duō kǔ.
爸爸童年 吃了 很多苦。

父は子供のころ非常に苦労した。

239 ☐ ③

tóu fa

头 发

頭髪

Yéye de tóufa jīhū diàoguāng le.
爷爷的头发 几乎 掉光了。

おじいさんの髪の毛はほとんど抜けてしまった。

240 ☐ ③

tóu zī

投 资

投資

≈ 资金
zījīn

Wǒ duì tóuzī de shìqing bù gǎn xìngqù.
我 对投资的事情 不感兴趣。

私は投資に興味がありません。

241
☐ ③
tǔ dì
土地
田地；領土
≈ 田地；领土
tiándì；lǐngtǔ

Zhōngguó tǔdì liáokuò, zīyuán fēngfù.
中国 土地辽阔，资源丰富。
中国は広大な土地があり、資源も豊富である。

242
☐ ③
wà zi
袜子
靴下

Wǒ měi tiān zìjǐ xǐ wàizi.
我 每天 自己 洗 袜子。
私は毎日自分で靴下を洗う。

243
☐ ③
wài dì
外地
よその土地、地方
⇔当地、本地
dāngdì, běndì

Wǒ míngtiān yào qù wàidì chūchāi.
我明天 要去外地 出差。
私は明日出張で地方に行きます。

244
☐ ③
wéi jīn
围巾
マフラー、スカーフ

Fùqīnjié, wǒ gěi bàba mǎile yì tiáo wéijīn.
父亲节，我给爸爸 买了一条围巾。
父の日に、私は父にマフラーを買った。

245
☐ ③
wěi ba
尾巴
しっぽ、尾部

Wǒ bù xiǎoxīn cǎile yíxià māo wěiba.
我不小心 踩了一下 猫尾巴。
私はうっかりして猫のしっぽを踏んでしまった。

246
☐ ③
wèi zhì
位置
位置、地位
≈ 位子、职位
wèizi, zhíwèi

Tíngchēchǎngli hái yǒu sān ge wèizhì.
停车场里 还有 三个位置。
駐車場には空きスペースがまだ3つある。

247
☐ ③
wén jiàn
文件
書類、公文書
≈ 文献
wénxiàn

Huìyì de wénjiàn, wǒ yǐjīng zhǔnbèi le.
会议的文件，我已经准备了。
会議の書類はもう用意しました。

248
☐ ③
wù zhì
物质
物質
⇔精神
jīngshén

Xiāngyānzhōng yǒu hěn duō yǒuhài wùzhì.
香烟中 有很多 有害物质。
タバコには有害物質がたくさん含まれている。

249 □ 3

wù huì
误会
誤解
≈ 误解
wùjiě

Zuìjìn wǒ hé tā yǒule yìdiǎn wùhuì.
最近 我和他 有了一点误会。
最近彼との間にちょっとした誤解があった。

250 □ 3

xì tǒng
系统
系統、システム
≈ 体系
tǐxì

Túshūguǎn jiànlìle xīn de jiǎnsuǒ xìtǒng.
图书馆 建立了 新的检索系统。
図書館は新しい検索システムを作った。

251 □ 3

xì bāo
细胞
細胞

Ái xìbāo yǐjīng zài tā shēntǐli kuòsàn le.
癌细胞 已经 在他身体里 扩散了。
がん細胞はすでに彼の体に拡散した。

252 □ 3

xì jūn
细菌
菌、菌類
≈ 菌、病菌
jūn, bìngjūn

Suānnǎili de xìjūn kěyǐ bāngzhù xiāohuà.
酸奶里的细菌 可以帮助 消化。
ヨーグルトに含まれる菌は消化の助けになる。

253 □ 3

xiàn suǒ
线索
糸口、手がかり
≈ 头绪
tóuxù

Jǐngchá gēnjù xiànsuǒ, zhōngyú zhuāzhùle zuìfàn.
警察 根据线索，终于 抓住了罪犯。
警察は手がかりをもとに、ついに犯人を捕まえた。

254 □ 3

xiāng zi
箱子
箱、ケース、
スーツケース

Zhège xiāngzi shì wǒ xīn mǎide.
这个箱子是 我新买的。
このスーツケースは私が新しく買ったものです。

255 □ 3

xiǎng xiàng
想象
想像

Duì wèilái wǒ yǒu hěn duō měihǎo de xiǎngxiàng.
对未来 我有很多 美好的想象。
未来に対し、私は多くの美しい想像をしている。

256 □ 3

xiàng zhēng
象征
象徴、シンボル
≈ 标志
biāozhì

Zhè zuò diāosù shì wǒmen chéngshì de xiàngzhēng.
这座雕塑是 我们城市的 象征。
この彫刻は私たちの街のシンボルです。

名詞
動詞
形容詞
副詞

33

257 ③
xiǎo huǒ zi
小伙子
若者

Nàge xiǎohuǒzi bǐ qítā rén gāo hěn duō.
那个小伙子 比其他人 高很多。
あの若者は他の人よりずっと背が高い。

258 ③
xiào róng
笑容
笑顔
≈ 笑脸、笑颜
　 xiàoliǎn, xiàoyán

Nǎinai liǎnshang yángyìzhe xìngfú de xiàoróng.
奶奶脸上 洋溢着 幸福的笑容。
おばあさんの顔には幸せそうな笑みが溢れていた。

259 ③
xīn
心
心、心臓
≈ 心情、心脏
　 xīnqíng, xīnzàng

Tā de huà shēnshēn dǎdòngle wǒ de xīn.
他的话 深深打动了 我的心。
彼の言葉は私の心に深く響いた。

260 ②
xīn shì
心事
心配事、考え事

Jiějie zuìjìn hǎoxiàng xīnshì hěn zhòng.
姐姐 最近好像 心事 很重。
姉は最近心配事が多いようだ。

261 ③
xìn yòng
信用
信用
≈ 信誉
　 xìnyù

Tā jiè qián bù huán, wánquán bù jiǎng xìnyòng.
他借钱 不还，完全 不讲 信用。
彼は借金を返さないので、全く信用がない。

262 ③
xíng shì
形势
形勢、情勢
≈ 局势、情况
　 júshì,　qíngkuàng

Ōuméng de jīngjì xíngshì rìqū hǎozhuǎn.
欧盟的 经济形势 日趋好转。
EUの経済情勢は日ごとに好転してきた。

263 ③
xìng zhì
性质
性質
≈ 本质
　 běnzhì

Nǐ wùjiěle zhè cì huódòng de xìngzhì.
你误解了 这次活动的 性质。
あなたは今回のイベントの性質を誤解している。

264 ③
xiōng dì
兄弟
兄弟

Tāmen xiōngdì liǎ dōu shì yǒumíng de xuézhě.
他们兄弟俩 都是 有名的学者。
彼ら兄弟二人はともに有名な学者だ。

265 ③

xué lì
学历

学歴
≈ 文凭
wénpíng

Wǒ zhǐ yǒu gāozhōng de xuélì.
我 只有 高中的学历。

私は高卒の学歴しかありません。

266 ③

xué wèi
学位

学位

Gēge zhōngyú qǔdéle bóshì xuéwèi.
哥哥 终于 取得了 博士学位。

兄はついに博士号を取得した。

267 ③

xué wen
学问

学問、知識
≈ 知识、学识
zhīshi, xuéshí

Yéye xǐhuan dúshū, hěn yǒu xuéwen.
爷爷 喜欢读书, 很有 学问。

おじいさんは読書好きで、とても物知りだ。

268 ③

xuè guǎn
血管

血管

Yīshēng shuō wǒ de xuèguǎn yǒudiǎnr yìnghuà le.
医生说 我的血管 有点儿硬化了。

医者は私の血管が少し硬化していると言った。

269 ③

yá
牙

歯
≈ 牙齿
yáchǐ

Māma yá téng, qù yīyuàn le.
妈妈 牙疼, 去医院了。

母は歯が痛いので、病院に行きました。

270 ③

yá shuā
牙刷

歯ブラシ

Tā dào biànlìdiàn mǎi yáshuā qù le.
他到便利店 买牙刷去了。

彼はコンビニへ歯ブラシを買いに行った。

271 ③

yán lùn
言论

言論
≈ 发言
fāyán

Tā de yánlùn fǎnyìngle tā de cuòwù zhǔzhāng.
他的言论 反映了 他的错误主张。

彼の発言は彼の誤った主張を反映している。

272 ③

yán
盐

塩
≈ 食盐
shíyán

Jīntiān de cài yán fàngduō le.
今天的菜 盐放多了。

今日の料理は塩を入れすぎた。

273 ☐ ②

yǎn shuō
演说

演説、スピーチ
≈ 演讲、讲演
yǎnjiǎng, jiǎngyǎn

Zǒngtǒng de yǎnshuō shífēn jīngcǎi.
总统的 演说 十分精彩。

大統領の演説は非常にすばらしかった。

274 ☐ ③

yàn huì
宴会

宴会、パーティー
≈ 宴席
yànxí

Wǒ kěndìng cānjiā nǐ de shēngrì yànhuì.
我肯定参加 你的生日宴会。

私はあなたの誕生日パーティーに必ず参加します。

275 ☐ ③

yāo
腰

腰
≈ 腰部、腰板儿
yāobù, yāobǎnr

Nǎinai de yāo yǐjīng zhíbuqǐlái le.
奶奶的腰 已经 直不起来了。

祖母の腰はもうまっすぐに伸ばせなかった。

276 ☐ ②

yào shi
钥匙

鍵、キー

Wǒ zhǎole bàntiān cái zhǎodào jiā de yàoshi.
我找了半天 才找到 家的钥匙。

私はさんざん探したあげく、やっと家の鍵を見つけた。

277 ☐ ③

yè zi
叶子

葉
≈ 叶、树叶
yè, shùyè

Qiūtiān, zhíwù de yèzi jiànjiàn biànhuáng le.
秋天，植物的 叶子 渐渐 变黄了。

秋、植物の葉がだんだん黄色くなってきた。

278 ☐ ③

yī xué
医学

医学

Yīxué zǒngshì luòhòu xiànshí yí bù.
医学 总是 落后现实一步。

医学はいつも現実より一歩遅れている。

279 ☐ ③

yí qì
仪器

器械、器具
≈ 仪表
yíbiǎo

Zhè xiàng shìyàn yào mǎi hěn duō yíqì.
这项试验 要买 很多仪器。

この実験には多くの器具を買う必要がある。

280 ☐ ③

yí shì
仪式

儀式
≈ 典礼
diǎnlǐ

Jīnnián huānyíng xīnshēng de yíshì fēicháng wēnxīn.
今年 欢迎新生的仪式 非常温馨。

今年の新入生歓迎式は心温まるものであった。

281 ☐ ③

yì shí

意识

意識

≈ 知觉
zhījué

Zuòwán shǒushù hòu, yéye huīfùle yìshí

做完手术后，爷爷 恢复了 意识。

手術を終えて、祖父は意識を取り戻した。

282 ☐ ③

yì zhì

意志

意志

Zhège rén yìzhì bóruò, gànbuliǎo dàshì.

这个人 意志薄弱，干不了 大事。

この人は意志が弱いので、重要な仕事はできない。

283 ☐ ③

yīn sù

因素

要素、要因

≈ 要素、原因
yàosù，yuányīn

Yánlùn zìyóu shì xuéshù fāzhǎn de zhòngyào yīnsù.

言论自由是 学术发展的 重要因素。

言論の自由は学問発展の重要な要素である。

284 ☐ ③

yīn móu

阴谋

陰謀

≈ 企图、野心
qǐtú，yěxīn

Tā de yīnmóu bèi dàjiā shípò le.

他的阴谋 被大家 识破了。

彼の陰謀はみんなに見破られた。

285 ☐ ③

yǐn shí

饮食

飲食

Gēge de yǐnshí xíguàn bú tài jiànkāng.

哥哥的 饮食习惯 不太健康。

兄の食生活はあまり健康的ではない。

286 ☐ ③

yǒng qì

勇气

勇気

≈ 胆量
dǎnliàng

Wǒ zhēn pèifú nǐ de yǒngqì.

我 真佩服 你的勇气。

君の勇気には本当に感心する。

287 ☐ ③

yòng tú

用途

用途、使い道

≈ 用处、用场
yòngchù，yòngchǎng

Zhè zhǒng jiù cáiliào yòu fāxiànle xīn yòngtú.

这种旧材料 又发现了 新用途。

この古い材料には、また新しい用途が発見された。

288 ☐ ③

yòng xīn

用心

下心、意図

≈ 居心、心眼儿
jūxīn，xīnyǎnr

Tā de yòngxīn wǒ quán dōu zhīdào.

她的用心 我全都 知道。

彼女の下心を私は全て知っている。

名詞

動詞

形容詞

副詞

289
☐
3

yú lè
娱乐

娯楽

Shèqū de yúlè huódòng fēicháng fēngfù.
社区的 娱乐活动 非常丰富。

コミュニティーの娯楽活動は非常に充実している。

290
☐
3

yǔ fǎ
语法

文法
≈ 文法
wénfǎ

Tā zài dàxué jiǎngshòu Rìyǔ yǔfǎ.
他在大学 讲授 日语语法。

彼は大学で日本語文法を教えている。

291
☐
3

yù shì
浴室

浴室、バスルーム
≈ 洗澡间、澡堂
xǐzǎojiān, zǎotáng

Wǒmen sùshè měi yì céng dōu yǒu yùshì.
我们宿舍 每一层 都有浴室。

私たちの寮には各階に浴室があります。

292
☐
3

yuán liào
原料

原料
≈ 材料、资料
cáiliào, zīliào

Shùpí shì zàozhǐ de yuánliào zhī yī.
树皮是 造纸的 原料之一。

木の皮は製紙原料の一つである。

293
☐
3

yuán zé
原则

原則
≈ 准则、大纲
zhǔnzé, dàgāng

Zhè shì yuánzé wèntí, bù néng ràngbù.
这是原则问题，不能让步。

これは原則問題で、譲れません。

294
☐
3

yún
云

雲
≈ 云彩
yúncai

Nǐ kàn, nà duǒ yún xiàng bu xiàng yì zhī tùzi?
你看，那朵云 像不像 一只兔子？

ほら、あの雲はウサギに似ていませんか。

295
☐
3

yùn qi
运气

運、運命
≈ 命运、机遇
mìngyùn, jīyù

Wǒ jīntiān yùnqi bù jiā.
我 今天 运气 不佳。

僕は今日、ついていない。

296
☐
2

zá jì
杂技

サーカス、曲芸
≈ 马戏
mǎxì

Yǎnyuánmen zhèngzài táishang biǎoyǎn zájì.
演员们 正在台上 表演杂技。

俳優たちは舞台で曲芸を演じている。

297 **3**
zāi hài
灾害
災害
≈ 灾难、灾荒
zāinàn, zāihuāng

Zhè yídài jīngcháng fāshēng zìrán zāihài.
这一带 经常发生 自然灾害。
このあたりは自然災害がよく起こる。

298 **3**
zhàn zhēng
战争
戦争
≈ 战斗、战役
zhàndòu, zhànyì

Zhànzhēng jiéshù hòu tā jiù jìnle dàxué.
战争结束后 他就进了 大学。
戦争が終わると彼はすぐ大学に入学した。

299 **3**
zhé xué
哲学
哲学

Wǒ xǐhuan xīfāng de zhéxué hé lìshǐ.
我 喜欢 西方的哲学和历史。
私は西洋の哲学と歴史が好きです。

300 **3**
zhēn lǐ
真理
真理
⇔谬误；≈道理
miùwù； dàolǐ

Zài zhēnlǐ miànqián rénrén píngděng.
在真理面前 人人平等。
真理の前ではすべての人が平等である。

301 **3**
zhèng zhuàng
症状
症状、病状
≈ 病情
bìngqíng

Gǎnmào de zhèngzhuàng shì fāshāo hé tóuténg.
感冒的 症状是 发烧和头疼。
風邪の症状は発熱と頭痛です。

302 **2**
zhīshi fènzǐ
知识分子
知識人、インテリ

Wǒ chūshēngzài yí ge zhīshi fènzǐ jiātíng.
我出生在 一个知识分子 家庭。
私はインテリ家庭に生まれた。

303 **3**
zhí wù
职务
職務
≈ 岗位、职责
gǎngwèi, zhízé

Tā yīnwèi jīngjì wèntí bèi jiěchúle zhíwù.
他因为经济问题 被解除了 职务。
彼は金銭問題で職務を解かれた。

304 **2**
zhí yuán
职员
職員、社員
≈ 职工
zhígōng

Wǒ gēge shì gōngsī zhíyuán.
我哥哥是 公司职员。
私の兄は会社員です。

名詞
動詞
形容詞
副詞

305
☐ 3

zhí wù
植物

植物

Zìrán bǎohùqūlǐ yǒu hěn duō zhēnqí zhíwù.
自然保护区里 有很多 珍奇植物。

自然保護区には珍しい植物がたくさんある。

306
☐ 3

zhǐ biāo
指标

目標、ノルマ
≈ 目标、定额
mùbiāo, dìng'é

Jīnnián de shēngchǎn zhǐbiāo tíqián wánchéngle.
今年的 生产指标 提前完成了。

今年の生産目標は繰り上げて達成した。

307
☐ 3

zhǐ shì
指示

指示、指図
≈ 指导、指令
zhǐdǎo, zhǐlìng

Shàngjí de zhǐshì wǒmen yǐjīng zhíxíng le.
上级的指示我们已经执行了。

上級機関の指示を私たちはすでに実行した。

308
☐ 3

zhì liàng
质量

質
≈ 质地、品质
zhìdì, pǐnzhì

Tāmen gōngsī de chǎnpǐn zhìliàng bùrú yǐqián le.
他们公司的 产品质量 不如以前了。

彼らの会社の製品の品質は以前より落ちた。

309
☐ 3

zhì ān
治安

治安
≈ 安全
ānquán

Xiànzài shèhuì zhì'ān yuè lái yuè hǎo le.
现在 社会治安 越来越好了。

今、社会の治安はますます良くなってきている。

310
☐ 3

zhì dù
制度

制度

Nà suǒ nǚzǐ xuéxiào de zhìdù fēicháng yán.
那所 女子学校的制度 非常严。

あの女子校の制度は非常に厳格である。

311
☐ 2

zhì xù
秩序

秩序
≈ 纪律、次序
jìlǜ, cìxù

Qǐng dàjiā bǎochí zhìxù, búyào yōngjǐ.
请大家 保持秩序，不要 拥挤。

皆さん秩序を保って、押さないようにしてください。

312
☐ 3

zhòng liàng
重量

重量、重さ
≈ 分量
fènliàng

Xíngli de zhòngliàng bù néng chāoguò èrshí gōngjīn.
行李的重量 不能超过 20 公斤。

荷物の重さは20キロを超えてはいけません。

313
☐ 3
zhōu
粥
粥

Xiānggǎngrén de zǎocān shǎobuliǎo zhōu.
香港人的早餐 少不了粥。

香港人の朝食にはおかゆが欠かせない。

314
☐ 3
zhǔ lì
主力
主力

Tā shì xuéxiào zúqiúduì de zhǔlì.
他是 学校足球队的 主力。

彼は学校のサッカーチームの主力選手だ。

315
☐ 3
zhǔ tí
主题
主題、テーマ
≈ 主旨
zhǔzhǐ

Zhè běn xiǎoshuō de zhǔtí shì yímínshǐ.
这本小说的 主题是 移民史。

この小説のテーマは移民史です。

316
☐ 3
zhǔ yi
主意
アイデア、考え
≈ 想法、办法
xiǎngfǎ, bànfǎ

Zhè jiàn shì, nǐ gěi wǒ chūge zhǔyi ba.
这件事, 你给我 出个主意吧。

このことについては、1つ知恵を貸してください。

317
☐ 3
zhù lǐ
助理
助手、補佐役
≈ 副手、助手
fùshǒu, zhùshǒu

Wǒ zài gōngsī gěi lǎobǎn dāng zhùlǐ.
我 在公司 给老板 当助理。

私は会社で社長のアシスタントをしています。

318
☐ 2
zī shì
姿势
姿勢
≈ 姿态
zītài

Tā xiě zì de zīshì hěn yōuměi.
她 写字的姿势 很优美。

彼女が字を書く姿勢はとても優美である。

319
☐ 3
zī běn
资本
資本、資金
≈ 资金、本钱
zījīn, běnqián

Zīběn de běnzhì jiù shì zhuīzhú lìrùn.
资本的本质 就是 追逐利润。

資本の本質は利益を追求することである。

320
☐ 3
zī liào
资料
資料、データ
≈ 材料、原料
cáiliào, yuánliào

Tā qù túshūguǎn chá zīliào le.
他 去图书馆 查资料了。

彼は図書館へ資料を調べに行った。

321 □ 3

zī yuán

资源 資源

≈ 物资
wùzī

Zhège guójiā yǒu fēngfù de kuàngchǎn zīyuán.

这个国家 有 丰富的 矿产资源。

この国には豊富な鉱物資源がある。

322 □ 3

zǔ guó

祖国 祖国

Tā bǎ zìjǐ de cáizhì dōu xiàngěile zǔguó.

他把自己的才智 都献给了 祖国。

彼は才知のすべてを祖国に捧げた。

名詞

動詞

形容詞

副詞

323 ③
ān wèi
安慰

慰める

安抚
ānfǔ

Tā hěn bēishāng, nǐ ānwèi tā yíxià ba.
她 很悲伤，你 安慰她一下 吧。

彼女は悲しんでいるので、慰めてあげなさい。

324 ②
bá
拔

抜く

抽
chōu

Tā bǎ qiángshang de dīngzi báchūlai le.
他 把墙上的钉子 拔出来了。

彼は壁の釘を抜いた。

325 ③
bǎ wò
把握

把握する

掌握
zhǎngwò

Wǒ xīwàng néng bǎwòzhù zhège jīhuì.
我希望 能把握住 这个机会。

この機会をしっかり掴んでおきたい。

326 ②
bàn
拌

かき混ぜる

搅、搅拌
jiǎo、jiǎobàn

Tā xǐhuan chī shēng jīdàn bàn fàn.
他 喜欢吃 生鸡蛋拌饭。

彼は卵かけご飯が好きです。

327 ②
bǎng
绑

縛る

捆、捆绑
kǔn、kǔnbǎng

Tā zài zìxíngchēshang bǎngle yí ge zhǐxiāng.
他 在自行车上 绑了一个纸箱。

彼は自転車にダンボール箱を1つ縛りつけた。

328 ③
bāo kuò
包括

含む、含める

包、包含
bāo, bāohán

Zhè bǐ qián bāokuò xuéfèi hé shēnghuófèi.
这笔钱 包括 学费和生活费。

このお金には学費と生活費が含まれている。

329 ②
bào dá
报答

報いる

报恩、回报
bào'ēn, huíbào

Tā xiǎng bàodá fùmǔ de yǎngyù zhī ēn.
他 想报答 父母的养育之恩。

彼は育ててくれた両親の恩に報いようとしている。

330 ③
bào dào
报道

報道する

播、宣传
bō, xuānchuán

Diànshì bàodàole tā qùshì de xiāoxi.
电视 报道了 他去世的消息。

テレビは彼の逝去を報じた。

331 ☐ ②	bī 逼	迫る、強迫する 逼迫、强迫 bīpò, qiǎngpò	Jiāzhǎng búyào bī háizi xuéxí. **家长 不要逼 孩子学习。** 親は子供に勉強を強要してはいけない。
332 ☐ ②	bì yè 毕业	卒業する 卒业、结业 zúyè, jiéyè	Tā bìyè hòu yìzhí zài xuéxiào gōngzuò. **他毕业后 一直 在学校工作。** 彼は卒業してからずっと学校に働いている。
333 ☐ ③	bì miǎn 避免	防止する、避ける 防止 fángzhǐ	Tā shǐ wǒmen bìmiǎnle yì cháng zāinàn. **他 使我们 避免了 一场灾难。** 私たちは彼のおかげで災難を免れることができました。
334 ☐ ③	biān 编	編む；編輯する 编织；编辑 biānzhī ; biānjí	Yéye huì biān cǎomào. **爷爷 会编 草帽。** おじいさんは麦わら帽子が編めます。
335 ☐ ③	biǎo xiàn 表现	表現する、表す 显示、展现 xiǎnshì, zhǎnxiàn	Zhè shǒu shī biǎoxiànle shīrén de xīnqíng. **这首诗 表现了 诗人的心情。** この詩は詩人の心情を表している。
336 ☐ ③	bǔ 补	修繕する；補う 修补；补充 xiūbǔ ; bǔchōng	Māma zhèngzài gěi dìdi bǔ wàzi. **妈妈 正在 给弟弟 补袜子。** 母は弟の靴下を繕っています。
337 ☐ ②	cǎi 踩	踏む 踏、踩踏 tà, cǎità	Qǐng búyào cǎi zhèlǐ de cǎopíng. **请不要 踩这里的 草坪。** ここの芝生を踏まないでください。
338 ☐ ②	cān kǎo 参考	参照する 参照、借鉴 cānzhào, jièjiàn	Wǒ de lùnwén cānkǎole hěn duō wénxiàn. **我的论文 参考了 很多文献。** 私の論文は多くの文献を参考にした。

名詞 動詞 形容詞 副詞

45

339 ☐ 3

cáng

藏

隠す；隠れる

隠蔽；収蔵
yǐncáng ; shōucáng

Tā bǎ yàoshi cángzài xìnxiāngli le.
他 把钥匙 藏在信箱里了。

彼は鍵を郵便ボックスに隠した。

---

340 ☐ 3

chā

插

挿す；挟む

刺；插入
cì ; chārù

Jiějie wǎng huāpíngli chāle yì zhī huā.
姐姐 往花瓶里 插了 一枝花。

姉は花瓶に一輪の花を挿しました。

---

341 ☐ 3

chà

差

不足する

缺少、不足
quēshǎo, bùzú

Tā mǎi cídiǎn hái chà yìdiǎnr qián.
他 买辞典 还差一点儿钱。

彼は辞書を買うにはまだ少しお金が足りない。

---

342 ☐ 3

chāi

拆

分解する、解体する

拆除
chāichú

Gōngrénmen zài chāi nà dòng jiù fángzi.
工人们 在拆 那栋旧房子。

労働者たちはその古い家を解体しています。

---

343 ☐ 3

chāo

抄

写す；剽窃する

抄写；抄袭
chāoxiě ; chāoxí

Jīntiān yǔwénkè de zuòyè shì chāo kèwén.
今天 语文课的作业 是抄课文。

今日の国語の授業の宿題は本文を写すことです。

---

344 ☐ 3

chǎo

吵

言い争う

争吵、吵架
zhēngchǎo, chǎojià

Liǎng rén guānxì bù hǎo, jiànmiàn jiù chǎo.
两人 关系不好，见面就吵。

2人は仲が悪く、顔を合わせるとすぐ喧嘩する。

---

345 ☐ 3

chēng

称

〜と称する

称呼、称为
chēnghu, chēngwéi

Dàjiā dōu chēng tā shì huó zìdiǎn.
大家 都称他 是活字典。

みんなは彼を生き字引と呼んでいます。

---

346 ☐ 3

chéng rèn

承认

認める、承認する

确认、同意
quèrèn, tóngyì

Tā cónglái bù kěn chéngrèn zìjǐ de cuòwù.
他从来 不肯承认 自己的错误。

彼はこれまで自分の誤りを認めようとしなかった。

347 ☐ [2]	chéng 乘	乗る 乗坐、搭乗 chéngzuò, dāchéng	Tā yìbān chéng xīngànxiàn qù Dōngjīng. 他 一般 乘新干线 去东京。 彼は普通、新幹線で東京に行きます。
348 ☐ [2]	chí dào 迟到	遅刻する、遅れる 晚点、延误 wǎndiǎn, yánwù	Dàxī jīhū měi cì shàngkè dōu chídào. 大西几乎 每次上课 都迟到。 大西さんはほぼ毎回授業に遅刻します。
349 ☐ [3]	chōng 冲	突き進む 冲锋、前进 chōngfēng, qiánjìn	Gàn gōngzuò, tā zǒngshì chōngzài zuì qiánmiàn. 干工作，他 总是 冲在最前面。 仕事となれば、彼はいつも先頭に立つ。
350 ☐ [3]	chōng mǎn 充满	満ちる、溢れる 充斥、洋溢 chōngchì, yángyì	Zhè xiàng jìhuà chōngmǎnle bú quèdìng yīnsù. 这项计划 充满了 不确定因素。 この計画は不確実性に満ちている。
351 ☐ [3]	chóng fù 重复	繰り返す 反复 fǎnfù	Tā juéxīn bú zài chóngfù tóngyàng de cuòwù. 他决心 不再重复 同样的错误。 彼は二度と同じ過ちを繰り返すまいと決心した。
352 ☐ [3]	chū bǎn 出版	出版する 刊行 kānxíng	Tā qùnián chūbǎnle sān běn zhùzuò. 他去年 出版了 三本著作。 彼は昨年3冊の著作を出版した。
353 ☐ [3]	chǔ lǐ 处理	処理する、処罰する 处置、解决 chǔzhì, jiějué	Zhè jiàn shì jiù yóu wǒ lái chǔlǐ ba. 这件事 就由我 来处理吧。 この件は私が処理します。
354 ☐ [3]	chuán bō 传播	伝播する、散布する 散布；流传 sànbù；liúchuán	Tā dàochù chuánbō jiǎ xīnwén. 他 到处 传播假新闻。 彼は至るところでフェイクニュースを流している。

355 ☐ ③
达到 dá dào

達する

达成 dáchéng

Tā Yīngyǔ dádàole kǒuyì de shuǐpíng.

他英语 达到了 口译的水平。

彼の英語は通訳のレベルに達している。

356 ☐ ②
答 dá

答える

回答、答复 huídá, dáfù

Zhège wèntí nǐ dáde bú zhèngquè.

这个问题 你答得 不正确。

この問題にあなたは正しく答えていません。

357 ☐ ③
打扮 dǎ ban

着飾る

化妆；装扮 huàzhuāng；zhuāngbàn

Tā zuìjìn zǒngshì dǎbande hěn piàoliang.

她最近 总是 打扮得 很漂亮。

彼女は最近いつもおしゃれをしています。

358 ☐ ②
打架 dǎ jià

喧嘩する

打、打斗 dǎ, dǎdòu

Shàng xiǎoxué shí, tā cháng gēn tóngxué dǎjià.

上小学时，他常 跟同学 打架。

小学校の頃、彼はよくクラスメートと喧嘩をした。

359 ☐ ③
打扰 dǎ rǎo

邪魔する

打搅、麻烦 dǎjiǎo, máfan

Duìbuqǐ, dǎrǎo nín yíxià.

对不起，打扰您 一下。

すみません、ちょっとお邪魔します。

360 ☐ ②
打扫 dǎ sǎo

掃除する

扫除、清扫 sǎochú, qīngsǎo

Tā zhōumò yìbān zài jiā dǎsǎo wèishēng.

她周末 一般 在家 打扫卫生。

彼女は週末はたいてい家で掃除をします。

361 ☐ ②
待 dāi

とどまる

住、停留 zhù, tíngliú

Wǒ dǎsuàn zài Dàlǐ dāi liǎng ge xīngqī.

我打算 在大理 待两个星期。

私は大理に2週間滞在するつもりです。

362 ☐ ③
代 dài

代わる

替、代替 tì, dàitì

Nǐ dài wǒ qù kànwàng yíxià Xiǎo-Lǐ ba.

你代我 去看望一下 小李吧。

私の代わりに李君を見舞いに行ってください。

363 □ ②	dāng 当	～になる、担当する 担当、担任 dāndāng, dānrèn	Wǒ de lǐxiǎng shì dāng yì míng Hànyǔ lǎoshī. **我的理想是 当**一名汉语老师。 私の夢は中国語の先生になることです。
364 □ ②	dǎng 挡	遮る、阻止する 阻拦、阻挡 zǔlán, zǔdǎng	Yì tiáo dàhé dǎngzhùle wǒmen de qùlù. **一条大河 挡住了 我们的去路。** 大きな川が私たちの行く手を遮っている。
365 □ ②	dào qiàn 道歉	謝る 赔不是 péibúshi	Nǐ yīnggāi xiàng nà wèi xiānsheng dàoqiàn. **你应该 向那位先生 道歉。** あなたはあの方に謝るべきです。
366 □ ③	děng yú 等于	～と同じである 等同 děngtóng	Nǐ zhème zuò děngyú wéinán tā. **你这么做 等于为难他。** こんなことをすれば彼を困らせることになる。
367 □ ③	dī 低	低くする 低下 dīxià	Wǒmen bù néng xiàng kùnnan dītóu. **我们不能 向困难 低头。** 我々は困難に屈服してはならない。
368 □ ②	dì 递	手渡す 给、递交 gěi, dìjiāo	Qǐng bǎ nàge bēizi dìgěi wǒ. **请把那个杯子 递给我。** そのコップを取ってください。
369 □ ③	diào 调	移動する 调动、调遣 diàodòng, diàoqiǎn	Xiǎo-Lǐ bèi diàodào qítā bùmén qù le. **小李 被 调到其他部门 去了。** 李さんは他の部署に異動させられました。
370 □ ②	diē 跌	転ぶ 摔、摔倒 shuāi, shuāidǎo	Nàge lǎorén zài lùshang diēle yì jiāo. **那个老人 在路上 跌了一跤。** その老人は道でちょっと転んだ。

371 ☐ ② dìng 订
予約する；注文する
预定；订购
yùdìng；dìnggòu
Wǒ dìngle sān fèn bàozhǐ hé yì běn zázhì.
我 订了 三份报纸和一本杂志。
私は新聞を3紙と雑誌を1冊講読している。

372 ☐ ③ dìng 定
決める
决定、确定
juédìng, quèdìng
Wǒmen míngtiān kāihuì dìng jīnnián de jìhuà.
我们 明天开会 定今年的计划。
私たちは明日の会議で今年の計画を決める。

373 ☐ ② dǔ 堵
塞ぐ
塞、堵塞
sāi, dǔsè
Lùshang dǔchē, wǒ kāihuì chídào le.
路上 堵车，我 开会 迟到了。
道が渋滞していて、会議に遅れました。

374 ☐ ② duàn liàn 锻炼
体を鍛える
健身、运动
jiànshēn, yùndòng
Tā jiānchí měi tiān zǎoshang duànliàn shēntǐ.
他 坚持每天早上 锻炼身体。
彼は毎朝体を鍛え続けている。

375 ☐ ② duì fu 对付
対処する
应对、应付
yìngduì, yìngfu
Zhège rén jiànshi duō, hěn nán duìfu.
这个人 见识多，很难 对付。
この人は見識が多くて，とても手強い。

376 ☐ ③ duì huà 对话
対話する
会话、交谈
huìhuà, jiāotán
Kàn lìshǐshū jiù shì zài hé lìshǐ duìhuà.
看历史书 就是 在和历史对话。
歴史書を読むことは歴史と対話することだ。

377 ☐ ② dūn 蹲
しゃがむ
下蹲
xiàdūn
Pāizhào shí, qiánmiàn de rén qǐng dūnxia.
拍照时，前面的人 请蹲下。
撮影する時、前の人はしゃがんでください。

378 ☐ ② duó 夺
奪う
抢、抢夺
qiǎng, qiǎngduó
Jǐngchá de wǔqì bèi qiángdào duózǒu le.
警察的武器 被强盗 夺走了。
警察の武器は強盗に奪われた。

379 ☐ ②	duǒ 躲	隠れる 藏、躲藏 cáng, duǒcáng	Qíngkuàng bù hǎo, nǐ chūqu duǒ jǐ tiān ba. **情况不好，你出去 躲几天吧。** 状況がよくないので、数日身を隠したほうがいい。
380 ☐ ③	fā biǎo 发表	発表する、述べる 发布、公布 fābù, gōngbù	Qīmò kǎoshì de chéngjì xiàzhōu fābiǎo. **期末考试的成绩 下周发表。** 期末試験の成績は来週発表します。
381 ☐ ③	fā huī 发挥	発揮する 表现、施展 biǎoxiàn, shīzhǎn	Tā zài gōngsī fāhuīzhe zhòngyào zuòyòng. **他在公司 发挥着 重要作用。** 彼は会社で重要な役割を果たしている。
382 ☐ ③	fā míng 发明	発明する 创造 chuàngzào	Lǐ xiānsheng fāmíngle hěn duō xīn chǎnpǐn. **李先生发明了 很多新产品。** 李さんは多くの新製品を発明しました。
383 ☐ ②	fá 罚	罰する 处罚、处分 chǔfá, chǔfèn	Tā wéizhāng tíngchē bèi fále èrbǎi yuán. **他违章停车 被罚了 二百元。** 彼は駐車違反で200元の罰金を取られた。
384 ☐ ③	fān 翻	翻訳する；めくる 翻译；翻页 fānyì；fānyè	Tā zuìjìn fānle yì běn Rìběn xiǎoshuō. **他最近 翻了 一本日本小说。** 彼は最近日本の小説を翻訳しました。
385 ☐ ③	fǎn yìng 反应	反応する 应对 yìngduì	Zhìlì bǐsàizhōng, tā fǎnyìngde zuì kuài. **智力比赛中，他反应得 最快。** クイズ大会で彼は一番素早く反応した。
386 ☐ ③	fǎn yìng 反映	報告する 报告；表现 bàogào；biǎoxiàn	Dàjiā de yìjiàn yǐjīng fǎnyìnggěi shàngjí le. **大家的意见 已经 反映给上级了。** みんなの意見はすでに上司に報告された。

387 ☐ ②
fàng qì
放弃
放棄する
抛弃、丢弃
pāoqì, diūqì

Wǒ bù néng fàngqì zìjǐ de quánlì.
我不能 放弃 自己的权利。
自分の権利を放棄することはできません。

388 ☐ ③
fēn bié
分别
別れる
离别、分离
líbié, fēnlí

Fēnbié shí nián hòu, wǒmen yòu chóngféng le.
分别 十年后，我们 又重逢了。
私たちは十年ぶりに再会しました。

389 ☐ ③
fēn xī
分析
分析する
辨析
biànxī

Tāmen xìzhì de fēnxīle shìgù yuányīn.
他们 细致地分析了 事故原因。
彼らは事故の原因を詳しく分析した。

390 ☐ ③
fǒu dìng
否定
否定する
否认
fǒurèn

Xiàozhǎng de jiànyì bèi jiàoshòuhuì fǒudìng le.
校长的建议 被教授会 否定了。
学長の提案は教授会によって否定された。

391 ☐ ②
fú
扶
手で支える
搀、搀扶
chān, chānfú

Nǐ fú wǒ yíxià, wǒ yǒudiǎnr tóuyūn.
你 扶我一下，我有点儿 头晕。
ちょっと私を支えて、少し目眩がするから。

392 ☐ ③
fǔ dǎo
辅导
指導する
指导、指点
zhǐdǎo, zhǐdiǎn

Lǐ lǎoshī fǔdǎo wǔ ge xuésheng xiě lùnwén.
李老师辅导 五个学生 写论文。
李先生は学生5人の論文指導をしている。

393 ☐ ②
fù
付
払う
支付、付款
zhīfù, fùkuǎn

Kěyǐ shuākǎ fù cānfèi ma?
可以刷卡 付餐费吗?
食事代をカードで払ってもいいですか。

394 ☐ ②
fù zhì
复制
複製する
仿制、仿造
fǎngzhì, fǎngzào

Zhè fú huà shì fùzhì Mònài de.
这幅画 是复制莫奈的。
これはモネの絵を複製したものです。

395 □ ③

gǎn

赶

追いかける

追、追赶
zhuī, zhuīgǎn

Wǒ zài hòumiàn méiyou gǎnshàng tā.

我在后面 没有 赶上 他。

私は後ろから彼を追いかけなかった。

---

396 □ ③

gēn

跟

付き従う

随、跟随
suí, gēnsuí

Nǐ zài hòumiàn gēnzhe wǒ, bié zǒusàn le.

你在后面 跟着我，别走散了。

私についてきて、はぐれないで。

---

397 □ ③

gōng kāi

公开

公開する

公布、曝光
gōngbù, bàoguāng

Shìjiàn de nèimù zhōngyú bèi gōngkāi le.

事件的内幕 终于 被公开了。

事件の内幕がついに明かされた。

---

398 □ ②

gòng xiàn

贡献

貢献する

奉献、献身
fèngxiàn, xiànshēn

Wǒmen yào wèi shìjiè hépíng gòngxiàn lìliàng.

我们 要为世界和平 贡献力量。

私たちは世界平和のために力を捧げなければならない。

---

399 □ ③

gòu chéng

构成

構成する

Zhè piān lùnwén yóu wǔ ge bùfen gòuchéng.

这篇论文 由五个部分 构成。

この論文は5つの部分からなっている。

---

400 □ ③

gū jì

估计

推測する

猜、推测
cāi, tuīcè

Wǒ gūjì zhè fú huàr zhí yí wàn yuán.

我估计这幅画儿 值一万元。

この絵は1万元の価値があると思います。

---

401 □ ②

gǔ lì

鼓励

励ます、激励する

激励、勉励
jīlì, miǎnlì

Wǒmen yīnggāi gǔlì niánqīngrén chuàngxīn.

我们应该 鼓励年轻人创新。

私たちは若者の創造性を奨励すべきです。

---

402 □ ②

guā

刮

吹く

Zhè chǎng táifēng zúzú guāle sān tiān.

这场台风 足足 刮了三天。

この台風はまるまる3日間吹き荒れた。

---

403 ☐ ②

拐 guǎi

曲がる

拐弯、转弯
guǎiwān, zhuǎnwān

Qù chēzhàn zài xìnhàodēng nàr wǎng yòu guǎi.
去车站 在信号灯那儿 往右拐。

駅へ行くには信号のところで右に曲がってください。

---

404 ☐ ③

关系 guān xì

関係する、関わる

关联、涉及
guānlián, shèjí

Shuìshōu xīn zhèngcè guānxìdào suǒyǒu de rén.
税收新政策 关系到所有的人。

税収の新しい政策はすべての人にかかわる。

---

405 ☐ ②

跪 guì

ひざまずく

下跪
xiàguì

Wǒ xiǎo shíhou chángcháng guìzài dìshang wánr.
我小时候 常常跪在地上 玩儿。

子供の頃はよく地べたにしゃがんで遊んでいた。

---

406 ☐ ②

滚 gǔn

転がる；出て行け

滚动；滚开
gǔndòng, gǔnkāi

Zúqiú gǔndào níshuǐli le.
足球 滚到 泥水里了。

サッカーボールが泥水の中へ転がっていった。

---

407 ☐ ②

害 hài

害する

损害、杀害
sǔnhài, shāhài

Dúpǐn hàile wúshù de rén.
毒品害了 无数的人。

麻薬はたくさんの人をだめにした。

---

408 ☐ ②

含 hán

含む、含める

含有、包含
hányǒu, bāohán

Zhè zhǒng yào hán zuǐli jiù kěyǐ.
这种药 含嘴里 就可以。

この薬は口に含んでいればいいです。

---

409 ☐ ②

号召 hào zhào

呼びかける

提倡、倡议
tíchàng, chàngyì

Zhèngfǔ hàozhào jiéyuē néngyuán.
政府 号召 节约能源。

政府は省エネを呼びかけている。

---

410 ☐ ③

合作 hé zuò

協力する

协作、协力
xiézuò, xiélì

Zhè suǒ dàxué gēn qǐyè hézuòde hěn hǎo.
这所大学 跟企业合作得 很好。

この大学は企業とうまく連携している。

---

411 ② hèn
恨
恨む
仇恨、痛恨
chóuhèn, tònghèn

Wǒ hèntòule nàxiē diànxìn zhàpiànfàn.
我 恨透了 那些 电信诈骗犯。
私は振り込め詐欺師たちをひどく憎んでいる。

412 ③ hòu huǐ
后悔
後悔する
懊悔、悔恨
àohuǐ, huǐhèn

Wǒ hòuhuǐ jīntiān méi zǎo yìdiǎnr lái.
我 后悔 今天 没早一点儿 来。
私は今日、早く来なかったことを後悔している。

413 ③ hū xī
呼吸
呼吸する
吸、吸气
xī, xīqì

Kǒuzhào tài hòu, wǒ dōu méifǎ hūxī le.
口罩 太厚，我 都 没法呼吸 了。
マスクが厚過ぎて、息ができません。

414 ② huá
滑
滑る
滑动、滑行
huádòng, huáxíng

Tā huábīng huáde fēicháng hǎo.
他滑冰 滑得 非常好。
彼はスケートが非常に上手です。

415 ② huái yí
怀疑
疑う、推測する
猜疑、推测
cāiyí, tuīcè

Tā huáiyí zìjǐ déle juézhèng.
他 怀疑自己 得了 绝症。
彼は自分が不治の病にかかったと疑っている。

416 ③ huī fù
恢复
回復する
复原、康复
fùyuán, kāngfù

Jīngguò zhìliáo, tā zhújiàn huīfùle jiànkāng.
经过治疗，他逐渐 恢复了 健康。
治療の結果、彼は次第に健康を取り戻した。

417 ② huì jiàn
会见
面会する
会晤、接见
huìwù, jiējiàn

Shìzhǎng huìjiànle láizì wàiguó de kèrén.
市长会见了 来自外国的 客人。
市長は外国からのお客さんに面会した。

418 ③ huò dé
获得
獲得する
获、得、获取
huò, dé, huòqǔ

Tiánzhōng zài bǐsàizhōng huòdéle guànjūn.
田中 在比赛中 获得了 冠军。
田中さんは試合で優勝した。

名詞　動詞　形容詞　副詞

419 ☐ 2
jí
急
焦る、急ぐ
着急、急于
zháojí, jíyú

Tā qiánbāo diūle, jíde bùdéliǎo.
她钱包 丢了，急得 不得了。

彼女は財布をなくして気が気ではなかった。

420 ☐ 3
jí hé
集合
集合する、集める
聚集、集中
jùjí, jízhōng

Míng zǎo qī diǎn jíhé, bā diǎn chūfā.
明早七点 集合，八点 出发。

明日の朝7時に集合し、8時に出発する。

421 ☐ 3
jì suàn
计算
計算する；考慮する
算；考虑
suàn；kǎolù

Tā bǎ láibīn de rénshù jìsuàncuò le.
他 把来宾的人数 计算错了。

彼は来賓の人数の計算を間違えた。

422 ☐ 3
jì niàn
纪念
記念する
怀念、缅怀
huáiniàn, miǎnhuái

Wǒmen zhǔnbèi kāi zhuīsīhuì jìniàn tā.
我们 准备开追思会 纪念他。

私たちはお別れ会を開いて彼を偲ぶ予定だ。

423 ☐ 3
jià
架
かける、架設する
搭、支、架设
dā, zhī, jiàshè

Zhè jǐ nián Chángjiāngshang jiàle sān zuò qiáo.
这几年 长江上架了 三座桥。

ここ数年、揚子江には3本の橋がかかった。

424 ☐ 2
jiǎn
捡
拾う
拣、拾
jiǎn, shí

Wǒ gāngcái jiǎndào yì bǎ yàoshi.
我刚才 捡到 一把钥匙。

私は先ほど鍵を1つ拾いました。

425 ☐ 3
jiǎn
减
減らす
减少、缩减
jiǎnshǎo, suōjiǎn

Wǒ cuòle yí dào tí, bèi jiǎnle sān fēn.
我错了 一道题，被减了 三分。

私は1問を間違えて、3点減点された。

426 ☐ 2
jiǎn
剪
(ハサミで)切る
裁、剪裁
cái, jiǎncái

Wǒ jīntiān jiǎn tóufa le, hái jiǎnle zhǐjia.
我今天 剪头发了，还剪了指甲。

私は今日散髪し、爪も切りました。

427 ③
jiàn
建
創立する；建築する
建立；造
jiànlì ; zào

Wǒmen gōngsī xīn jiànle yí zuò lóu.
我们公司 新建了 一座楼。
我が社は新しいビルを建てた。

428 ③
jiàn yì
建议
提案する
提议、主张
tíyì, zhǔzhāng

Wǒ jiànyì nǐ qù yīyuàn jiǎnchá yíxià.
我 建议你 去医院 检查一下。
病院で診察を受けることをお勧めします。

429 ②
jiāo dài
交代
白状する；言いつける
交待；吩咐
jiāodài ; fēnfù

Tā jiāodàile zhěnggè fànzuì guòchéng.
他 交代了 整个犯罪过程。
彼は犯罪の全過程を白状した。

430 ③
jiē dài
接待
接待する、応接する
招待、款待
zhāodài, kuǎndài

Xiàozhǎng zhèngzài jiēdài wàiguó kèrén.
校长 正在接待 外国客人。
校長先生は外国人のお客さんを接待しています。

431 ③
jiē jìn
接近
接近する、近づく
靠近
kàojìn

Tīngshuō táifēng zhèngzài jiējìn zhège dìqū.
听说 台风正在 接近这个地区。
台風がこの地方に接近中だそうです。

432 ②
jiē
揭
開ける；暴露する
揭示；披露
jiēshì ; pīlù

Lǐ xiānsheng wèi wǒ de huàzhǎn jiēle mù.
李先生 为我的画展 揭了幕。
李さんは私の絵画展の除幕をしてくれた。

433 ③
jié yuē
节约
節約する
省、节省
shěng, jiéshěng

Wǒmen yào jiéyuē shuǐ hé diàn.
我们 要节约 水和电。
私たちは水と電気を節約しなければならない。

434 ③
jié hé
结合
結合する；結婚する
组合；结婚
zǔhé ; jiéhūn

Nǐ yào bǎ lǐlùn hé shíjiàn jiéhéqǐlai.
你要 把理论和实践 结合起来。
君は理論と実践を結びつけねばならない。

名詞 動詞 形容詞 副詞

435 ③

jié shù

结束

終わる

完、完结
wán, wánjié

Màncháng de yǎnjiǎnghuì zhōngyú jiéshù le.
漫长的演讲会 终于 结束了。

長丁場の講演会がやっと終わった。

---

436 ③

jiě shì

解释

解釈する；釈明する

说明；辩解
shuōmíng；biànjiě

Zhè jiàn shì háishi wǒ xiàng dàjiā jiěshì ba.
这件事 还是 我向大家 解释吧。

この事はやはり私が皆さんに説明しましょう。

---

437 ③

jìn bù

进步

進歩する

提高
tígāo

Dìdi zhè bànnián xuéxí jìnbùde hěn kuài.
弟弟这半年 学习进步得 很快。

弟はこの半年、勉強の進歩がめざましい。

---

438 ③

jìn zhǐ

禁止

禁止する

禁、严禁
jìn, yánjìn

Fǎlǜ yánlì jìnzhǐ yǐnjiǔ jiàchē.
法律 严厉禁止 饮酒驾车。

飲酒運転は法律で厳しく禁止されている。

---

439 ③

jīng lì

经历

経験する

经受、体验
jīngshòu, tǐyàn

Tā jīnglìguo hǎiwān zhànzhēng.
他 经历过 海湾战争。

彼は湾岸戦争を経験したことがある。

---

440 ③

jīng yíng

经营

経営する、営む

管理、出售
guǎnlǐ, chūshòu

Fūfù èr rén jīngyíngzhe yì jiā xiǎo lǚguǎn.
夫妇二人 经营着 一家小旅馆。

夫婦二人で小さな旅館を経営している。

---

441 ②

jìng zhēng

竞争

競争する

竞赛、比赛
jìngsài, bǐsài

Zhège chǎnpǐn qǐyèjiān jìngzhēngde hěn jīliè.
这个产品 企业间 竞争得 很激烈。

この製品は企業間の競争が激しい。

---

442 ②

jiù zhí

就职

就任する

就任、上任
jiùrèn, shàngrèn

Xīn zǒnglǐ jiùzhí hái bú dào yí ge yuè ne.
新总理就职 还不到 一个月呢。

新総理は就任してまだ1ヶ月も経っていない。

443 ☐ ③

jù jué

拒绝

拒絶する

回绝、谢绝
huíjué, xièjué

Tā jùjuéle suǒyǒu méitǐ de cǎifǎng.

他拒绝了 所有 媒体的采访。

彼はすべてのメディアの取材を拒否した。

444 ☐ ②

jù

聚

集まる、集める

集合、聚集
jíhé, jùjí

Wǒmen xiǎoxué tóngxué měi nián dōu jù yí cì.

我们小学同学 每年 都聚一次。

私たち小学校の同級生は毎年１回集まる。

445 ☐ ③

kāi fā

开发

開発する、開拓する

开拓、发掘
kāituò, fājué

Zhè shì wǒmen gōngsī kāifā de xīn chǎnpǐn.

这是我们公司 开发的 新产品。

これは我が社が開発した新製品です。

446 ☐ ③

kāi fàng

开放

咲く；開放する

盛开；放开
shèngkāi, fàngkāi

Wǒmen dàxué túshūguǎn zhōumò yě kāifàng.

我们大学图书馆 周末 也开放。

うちの大学の図書館は週末も開館している。

447 ☐ ③

kāi zhǎn

开展

展開する

展开、进行
zhǎnkāi, jìnxíng

Nà jiā shāngdiàn zài kāizhǎn cùxiāo huódòng.

那家商店 在开展 促销活动。

あの店は販促キャンペーンを行っている。

448 ☐ ③

kǎo chá

考察

考察する、視察する

调查、研究
diàochá, yánjiū

Zǒngjīnglǐ zuótiān qù wàidì kǎochá shìchǎng le.

总经理昨天 去外地 考察市场了。

社長は昨日、地方へ市場の視察に行った。

449 ☐ ③

kǎo yàn

考验

試練を与える

考察、检验
kǎochá, jiǎnyàn

Yuè shì jiānkǔ de huánjìng yuè néng kǎoyàn rén.

越是 艰苦的环境 越能 考验人。

厳しい環境ほど人を試すことができる。

450 ☐ ③

kǎo

烤

焼く、あぶる

烧、烧烤
shāo, shāokǎo

Māma gěi háizimen kǎole yí ge dàngāo.

妈妈 给孩子们 烤了一个蛋糕。

お母さんは子供たちにケーキを焼いてあげた。

名詞

動詞

形容詞

副詞

🔊 58

451 ③

kào

靠

寄りかかる、頼る

倚靠、依靠
yǐkào, yīkào

Tā lèi le, kàozài yǐzishang shuìzháo le.

他累了，靠在椅子上 睡着了。

彼は疲れて椅子にもたれて眠ってしまった。

452 ②

ké

咳

咳をする

咳嗽
késou

Tā bìngde hěn zhòng, kéle hǎo jǐ tiān le.

他病得 很重，咳了 好几天了。

彼は病気がひどく、何日も咳をしている。

453 ③

kè fú

克服

克服する、打ち勝つ

战胜
zhànshèng

Wúlùn shénme kùnnan wǒmen dōu néng kèfú.

无论什么困难 我们 都能克服。

どんな困難でも私たちは克服できる。

454 ③

kěn dìng

肯定

肯定する

承认、赞成
chéngrèn, zànchéng

Lǐngdǎo kěndìngle wǒ de yánjiū chéngguǒ.

领导 肯定了 我的研究成果。

上司は私の研究成果を認めました。

455 ③

kòng zhì

控制

支配する、掌握する

支配、掌握
zhīpèi, zhǎngwò

Tā néng hěn hǎo de kòngzhì zìjǐ de qíngxù.

他 能很好地控制 自己的情绪。

彼は自分の感情をうまくコントロールできる。

456 ②

kuà

跨

跨ぐ

迈、跨越
mài, kuàyuè

Kuàguò zhè tiáo xiàn, jiù shì línguó le.

跨过 这条线，就是 邻国了。

このラインを越えれば隣国です。

457 ②

lái wǎng

来往

行き来する；交際する

往来；交际
wǎnglái；jiāojì

Tā xǐhuan gēn shāngyèjiè rénshì láiwǎng.

他喜欢 跟商业界人士 来往。

彼は商業界の人と付き合うのが好きだ。

458 ③

làng fèi

浪费

浪費する

挥霍、糟蹋
huīhuò, zāotà

Làngfèi liángshi shì fànzuì xíngwéi.

浪费粮食 是犯罪行为。

食糧を浪費するのは犯罪行為だ。

60

459
☐ 3

láo dòng

劳动

労働する

干活儿、工作
gànhuór, gōngzuò

Tā niánqīng shí zài nóngcūn láodòngle sān nián.

他年轻时 在农村 劳动了三年。

彼は若いころ農村で3年間働いた。

460
☐ 3

lí

离

離れる；隔てる

分离；距离
fēnlí ； jùlí

Tā lí jiā wàichū dǎgōng yǐjīng sì nián le.

他离家 外出打工 已经四年了。

彼は家を離れて出稼ぎに行ってもう4年になる。

461
☐ 3

lǐ jiě

理解

分かる、理解する

知道、明白
zhīdào, míngbai

Lǎoshī shuō de huà wǒ wánquán lǐjiě le.

老师说的话 我 完全理解了。

先生の話はよく分かりました。

462
☐ 3

liàn

练

練習する、訓練する

练习、训练
liànxí, xùnliàn

Zhè shǒu gē wǒ liànle hěn duō biàn.

这首歌 我练了 很多遍。

この歌を私は何回も練習しました。

463
☐ 3

liàn ài

恋爱

恋愛する

相爱、相恋
xiāng'ài, xiāngliàn

Tāmen liàn'àile bā nián zhōngyú jiéhūn le.

他们 恋爱了 八年 终于结婚了。

彼らは8年間恋愛して、ついに結婚した。

464
☐ 2

liáo

聊

雑談する

聊天儿、交谈
liáotiānr, jiāotán

Lǎo-Lǐ gēn wǒ liáoguo zhè jiàn shì.

老李 跟我 聊过 这件事。

李さんは私にこの事を話したことがある。

465
☐ 3

liú

留

残す；滞在する

保留；停留
bǎoliú ； tíngliú

Fùmǔ gěi tā liúle hěn duō cáichǎn.

父母 给她 留了 很多财产。

両親は彼女に多くの財産を残した。

466
☐ 3

liú xué

留学

留学する

留洋、游学
liúyáng, yóuxué

Tīngshuō Shānběn yào qù Běijīng liúxué le.

听说 山本 要去北京 留学了。

山本さんは北京へ留学に行くそうです。

467 ☐ 3

流 liú

流れる、流す

流淌
liútǎng

Tiānqì tài rè, wǒ liúle hěn duō hàn.
天气 太热，我 流了 很多汗。

天気が暑すぎて、私はたくさん汗をかいた。

468 ☐ 3

录 lù

録音する；録画する

录音；录像
lùyīn; lùxiàng

Zuótiān de zúqiú bǐsài, nǐ lùle ma?
昨天的 足球比赛，你 录了吗？

昨日のサッカーの試合、録画しましたか。

469 ☐ 3

落 luò

落ちる、下降する

掉、跌、下落
diào, diē, xiàluò

Qiūtiān dào le, shùyè dōu luò le.
秋天 到了，树叶 都落了。

秋になって、木の葉がすっかり落ちた。

470 ☐ 2

骂 mà

叱る、罵る

斥责、责骂
chìzé, zémà

Dìdi bù xiě zuòyè, bèi māma mà le.
弟弟 不写作业，被妈妈 骂了。

弟は宿題をしないので母に怒られた。

471 ☐ 3

满意 mǎn yì

満足する

满足
mǎnzú

Lǎobǎn duì wǒ de gōngzuò chéngjì hěn mǎnyì.
老板 对我的工作成绩 很满意。

社長は私の業績に満足している。

472 ☐ 3

忙 máng

忙しく働く

忙乎、忙活
mánghu, mánghuo

Lǎo-Wú, nǐ zuìjìn zài máng shénme ne?
老吴，你最近 在忙什么呢？

呉さん、最近何をしているのですか。

473 ☐ 3

迷 mí

夢中になる

迷恋、着迷
míliàn, zháomí

Wǒ zuìjìn míshàngle guójì xiàngqí.
我最近 迷上了 国际象棋。

僕は最近チェスにはまっている。

474 ☐ 2

命令 mìng lìng

命令する

命、令、吩咐
mìng, lìng, fēnfù

Jǐngchá mìnglìng shìwēi duìwǔ lìjí jiěsàn.
警察命令 示威队伍 立即解散。

警察はデモ隊に直ちに解散するよう命じた。

475 ③
摸 mō

触る；模索する

触摸；摸索
chùmō ; mōsuǒ

Wǒ mōle mō tā de tóu, yǒudiǎnr rè.

我摸了摸 他的头，有点儿热。

彼の頭に触ったら、少し熱かった。

476 ③
模仿 mó fǎng

まねる

学、装、效仿
xué, zhuāng, xiàofǎng

Tā xǐhuan mófǎng gēxīng chàng gē.

他 喜欢 模仿歌星唱歌。

彼は歌手の真似をして歌うのが好きです。

477 ②
磨 mó

磨く；時間を潰す

研磨；拖延
yánmó ; tuōyán

Zhè bǎ càidāo yǐjīng hěn jiǔ méiyou mó le.

这把菜刀 已经很久 没有磨了。

この包丁はもうずっと研いでいなかった。

478 ②
闹 nào

騒ぐ；邪魔する

吵闹；扰乱
chǎonào, rǎoluàn

Tā yào líhūn yǐjīng nàole yì nián duō le.

他 要离婚 已经闹了 一年多了。

彼はもう1年以上も離婚すると騒いでいる。

479 ③
弄 nòng

する、いじる

做、干、办
zuò, gàn, bàn

Zāogāo, wǒ bǎ yàoshi nòngdiū le.

糟糕，我 把钥匙 弄丢了。

しまった、私は鍵をなくしてしまった。

480 ③
排 pái

並ぶ

摆、放、排列
bǎi, fàng, páiliè

Wèile mǎi xīn shǒujī, tā páile yì wǎnshang.

为了 买新手机，他 排了 一晚上。

彼は新しい携帯を買うために一晩並んだ。

481 ③
陪 péi

伴う、お相手する

陪伴、陪同
péibàn, péitóng

Chūnjié qījiān wǒ yìzhí zài jiā péi fùmǔ.

春节期间 我一直 在家 陪父母。

春節の間、ずっと両親と一緒に家にいた。

482 ②
培养 péi yǎng

育成する

教育、培训
jiàoyù, péixùn

Lǐ jiàoshòu péiyǎngle hěn duō yōuxiù de xuézhě.

李教授 培养了 很多优秀的学者。

李教授は多くの優れた学者を育てた。

名詞

動詞

形容詞

副詞

483 ☐ 3	péi 赔	償う；損をする 赔偿；损失 péicháng ; sǔnshī	Gùkè de sǔnshī gōngsī huì péi ba. 顾客的损失 公司 会赔吧。 顧客の損失は会社が弁償するだろう。
484 ☐ 3	pèi 配	配る、配置する 配备、配置 pèibèi, pèizhì	Xuéxiào gěi měi wèi lǎoshī dōu pèile diànnǎo. 学校 给每位老师 都配了电脑。 学校は教員全員にパソコンを支給した。
485 ☐ 3	pī 批	批准する；批评する 批准；批评 pīzhǔn ; pīpíng	Lǎo-Sūn tíqián tuìxiū de shēnqǐng pīxiàlái le. 老孙 提前退休的申请 批下来了。 孫さんの早期退職の申請は許可された。
486 ☐ 3	piàn 骗	騙す、欺く 欺骗、诈骗 qīpiàn, zhàpiàn	Hěn duō rén dōu bèi zhè jiā gōngsī piàn le. 很多人 都被这家公司 骗了。 多くの人がこの会社に騙された。
487 ☐ 2	pīn 拼	寄せ集める； 懸命にやる 拼凑；拼搏 pīncòu ; pīnbó	Hànyǔ yòng shēngmǔ hé yùnmǔ pīnchéng yīnjié. 汉语 用声母和韵母 拼成音节。 中国語は子音と母音を合わせて音節を作る。
488 ☐ 2	píng 评	論評する 评论、评判 pínglùn, píngpàn	Nǐ gěi wǒmen píng yíxià zhè běn xiǎoshuō ba. 你给我们 评一下 这本小说吧。 私たちにこの小説の批評をしてください。
489 ☐ 3	pǔ jí 普及	普及する 推广 tuīguǎng	Tā cháng qù xiǎoxué pǔjí dìzhèn zhīshi. 他 常去小学 普及地震知识。 彼はよく小学校に行って地震の知識を広めている。
490 ☐ 2	qī fu 欺负	いじめる 欺辱、霸凌 qīrǔ,　bàlíng	Tā qīfu tóngxué bèi lǎoshī pīpíng le. 他欺负同学 被老师 批评了。 彼はクラスメートをいじめて先生に叱られた。

| 491 ☐ ③ | qǐ fēi 起飞 | 離陸する

出発
chūfā | Tā chéngzuò de fēijī yǐjīng qǐfēi le.
他乘坐的飞机 已经 起飞了。

彼が乗った飛行機はもう離陸した。 |

| 492 ☐ ② | qiān 签 | サインする

签名、签字
qiānmíng, qiānzì | Tā zài xīnshūshang qiānle zìjǐ de míngzi.
他在新书上 签了 自己的名字。

彼は新刊書に自分の名前をサインした。 |

| 493 ☐ ② | qiān dìng 签订 | 締結する

缔结、订立
dìjié,　dìnglì | Liǎng guó qiāndìngle hépíng yǒuhǎo tiáoyuē.
两国 签订了 和平友好条约。

両国は平和友好条約に調印した。 |

| 494 ☐ ③ | qián jìn 前进 | 前進する；進歩する

迈进；进步
màijìn；jìnbù | Lǚyóuchē zài gōnglùshang kuàisù qiánjìn.
旅游车 在公路上 快速前进。

観光バスは道路を疾走している。 |

| 495 ☐ ② | qiàn 欠 | 借りがある；欠ける

亏欠；缺乏
kuīqiàn；quēfá | Wǒ qiàn tā yì qiān kuài qián hái méi huán.
我欠他 一千块钱 还没还。

私は彼に1000元借りて、まだ返していない。 |

| 496 ☐ ③ | qiǎng 抢 | 奪う、先を争う

夺、抢夺
duó, qiǎngduó | Tā yīnwèi qiǎng qiánbāo bèi pànle yì nián xíng.
他因为抢钱包 被判了 一年刑。

彼は財布を奪って1年の刑を言い渡された。 |

| 497 ☐ ③ | qiē 切 | 切る

割、切割
gē,　qiēgē | Tā qiēle yí ge xīguā gěi háizimen chī.
她切了 一个西瓜 给孩子们吃。

彼女は子供たちにスイカを切って食べさせた。 |

| 498 ☐ ② | qīn 亲 | キスをする

吻、亲吻
wěn, qīnwěn | Māma zài háizi liǎnshang qīnle yíxià.
妈妈 在孩子脸上 亲了一下。

お母さんは子供のほほにちょっとキスした。 |

名詞

動詞

形容詞

副詞

499 ③
quē
缺
欠ける
缺少、不足
quēshǎo, bùzú

Zhè běn xīn mǎi de shū quēle liǎng yè.
这本 新买的书 缺了 两页。
この新しく買った本は2頁欠けている。

500 ②
què rèn
确认
確認する、認める
核对、认定
héduì, rèndìng

Zhǔnbèi tíjiāo de cáiliào wǒ dōu quèrènguo le.
准备提交的材料 我都确认过了。
提出予定の資料を私はすべて確認しました。

501 ②
rèn
认
見分ける；知る
辨认；知道
biànrèn；zhīdào

Tā de zì tài cǎo, wǒ rènbuchūlái.
他的字 太草，我 认不出来。
彼の字はひどく乱雑で、私には分からない。

502 ③
rèn shi
认识
知る、分かる
认得、知道
rènde, zhīdào

Wǒ bú rènshi zhèngzài jiǎngyǎn de xiānsheng.
我不认识 正在 讲演的先生。
現在講演中の方を私は知りません。

503 ③
rēng
扔
投げる；捨てる
投掷；丢弃
tóuzhì；diūqì

Tā bānjiā shí bǎ jiù zázhì dōu rēng le.
他搬家时 把旧杂志 都扔了。
彼は引っ越しの時に古い雑誌を全部捨てた。

504 ②
sàn
散
散る、散らす
散开、解散
sànkāi, jiěsàn

Dàfēng guāguò zhī hòu, wūyún dōu sàn le.
大风 刮过之后，乌云 都散了。
大風が吹いた後，黒い雲はすっかり晴れた。

505 ②
sǎo
扫
掃除する、取り除く
清扫、扫除
qīngsǎo, sǎochú

Wǒ zǎoshang de gōngzuò shì sǎo yuànzi hé jiāo huā.
我早上的工作 是扫院子和浇花。
私の朝の日課は庭掃除と花の水やりです。

506 ③
shā
杀
殺す
杀害
shāhài

Kǒngbù fènzǐ shāle hěn duō pǔtōng mínzhòng.
恐怖分子 杀了 很多普通民众。
テロリストは多くの一般市民を殺した。

507 ③
shài
晒
日に当たる
照射
zhàoshè

Duō shài tàiyáng yǒuyì jiànkāng.
多晒太阳 有益健康。
日光浴をたくさんすると健康に良い。

508 ②
shǎng
赏
褒美を与える；
観賞する
奖赏；观赏
jiǎngshǎng；guānshǎng

Wǒ xiǎng hé péngyou qù Rìběn shǎng yīnghuā.
我想 和朋友 去日本 赏樱花。
私は友達と日本へ桜を見に行きたい。

509 ③
shāo
烧
焼く；調理する
燃烧；烹饪
ránshāo；pēngrèn

Sēnlín dàhuǒ zhěngzhěng shāole yí ge xīngqī.
森林大火 整整烧了 一个星期。
森林火災は1週間にわたって燃え続けた。

510 ③
shè jì
设计
設計する
计划、策划
jìhuà， cèhuà

Zhège xīn chǎnpǐn shì shéi shèjì de?
这个新产品 是谁设计的?
この新製品は誰が設計したのですか。

511 ②
shēn qǐng
申请
申請する
报名；请求
bàomíng；qǐngqiú

Tā shēnqǐngle cānjiā jiùzāi zhìyuànzhě huódòng.
他申请了 参加 救灾志愿者活动。
彼は災害救済のボランティア活動を申し込んだ。

512 ③
shēn
伸
伸ばす
伸展、展开
shēnzhǎn, zhǎnkāi

Nà shí, shì tā shēn shǒu bāngle wǒ.
那时，是他 伸手帮了 我。
その時、彼が手を伸ばして私を助けてくれた。

513 ③
shēng míng
声明
声明する
宣布、表明
xuānbù, biǎomíng

Nà jiā bàozhǐ shēngmíng chèhuí nà piān bàodào.
那家报纸 声明撤回 那篇报道。
その新聞はその記事を撤回すると声明を出した。

514 ③
shèng
胜
勝つ、勝利する
赢、胜利
yíng, shènglì

Wǔ chǎng bǐsàizhōng wǒmen shèngle sì chǎng.
五场比赛中 我们 胜了 四场。
私たちは5試合で4勝しました。

---

515 □ ③

剩 shèng

残る、残す

留、剩余
liú, shèngyú

Wǒ zhège yuè de shēnghuófèi hái shèng yíbàn.
我这个月的 生活费 还剩一半。

私の今月の生活費はまだ半分残っている。

---

516 □ ③

失败 shī bài

負ける、失敗する

输、败
shū, bài

Xīn cáiliào de shìyàn yòu shībài le.
新材料的试验 又失败了。

新素材の実験はまた失敗した。

---

517 □ ②

失眠 shī mián

不眠になる

辗转反侧
zhǎnzhuǎn-fǎncè

Tā zuìjìn jīngcháng shīmián.
她最近 经常 失眠。

彼女は最近いつも眠れません。

---

518 □ ③

失业 shī yè

失業する

下岗、待业
xiàgǎng, dàiyè

Jīngjì xiāotiáo shǐ hěn duō rén dōu shīyè le.
经济萧条 使很多人 都失业了。

経済が不況で、多くの人が失業した。

---

519 □ ③

实习 shí xí

実習する

见习、学习
jiànxí, xuéxí

Wǒ zài gāozhōng shíxíle sān ge xīngqī.
我 在高中 实习了 三个星期。

私は高校で3週間実習した。

---

520 □ ③

适合 shì hé

適する

适宜、合适
shìyí, héshì

Zhè xiàng gōngzuò zuì shìhé nǐ le.
这项工作 最适合 你了。

この仕事は君にぴったりだ。

---

521 □ ②

收集 shōu jí

採集する

采集、搜集
cǎijí, sōují

Wǒ shōujídàole xǔduō zhēnguì de biāoběn.
我收集到了 许多珍贵的 标本。

私は貴重な標本をたくさん集めた。

---

522 □ ②

收拾 shōu shi

片付ける

整理
zhěnglǐ

Tā zǒngshì bǎ fángjiān shōushide hěn gānjìng.
她总是 把房间 收拾得 很干净。

彼女はいつも部屋をきれいに片付けている。

---

523 ☐ ③

shòu

受

受ける、被る

接受、遭受
jiēshòu, zāoshòu

Zài nóngcūn nàxiē nián, tā shòule bùshǎo kǔ.

在农村 那些年，他受了 不少苦。

農村にいたあの数年、彼はかなり苦労した。

524 ☐ ②

shū chū

输出

輸出する

出口、运送
chūkǒu, yùnsòng

Rìběn xiàng guówài shūchū diànzǐ chǎnpǐn.

日本向国外 输出 电子产品。

日本は海外に電子製品を輸出している。

525 ☐ ③

shū rù

输入

輸入する

进口、输送
jìnkǒu, shūsòng

Rìběn cóng guówài shūrù dàliàng de yuánliào.

日本从国外 输入 大量的原料。

日本は海外から大量の原料を輸入している。

526 ☐ ②

shú xi

熟悉

熟知する、知る

知道、熟知
zhīdào, shúzhī

Tā shúxi gōngsī de suǒyǒu yèwù.

他熟悉 公司的 所有业务。

彼は会社のあらゆる業務に精通している。

527 ☐ ③

shǔ yú

属于

～に属する

归、归属
guī, guīshǔ

Dìxià de wénwù shǔyú guójiā.

地下的文物 属于国家。

埋蔵文化財は国家に帰属する。

528 ☐ ②

shuā

刷

刷く、磨く

洗刷
xǐshuā

Māma gàosu háizi fàn hòu yào shuāyá.

妈妈告诉孩子 饭后 要刷牙。

母親は子供に、食後は歯を磨くようにと言った。

529 ☐ ③

shuāi

摔

転ぶ

跌倒、摔倒
diēdǎo, shuāidǎo

Tā zǒuzhe zǒuzhe, tūrán shuāidǎo le.

他 走着走着，突然 摔倒了。

彼は歩いているうちに突然転んだ。

530 ☐ ③

suàn

算

計算する

计算、运算
jìsuàn, yùnsuàn

Nǐ suàn yíxià dàgài xūyào duōcháng shíjiān.

你算一下 大概需要 多长时间。

どれくらいの時間がかかるか計算しなさい。

名詞

動詞

形容詞

副詞

531 ③
sǔn shī
损失
損害を受ける
亏损、亏本
kuīsǔn, kuīběn

Zhè cì tóuzī gōngsī sǔnshīle liùqiān wàn yuán.
这次投资 公司损失了 六千万元。
今回の投資で会社は6千万元の損失を出した。

532 ②
suǒ
锁
鍵をかける
上锁
shàngsuǒ

Tā bǎ wénjiàn suǒzài bǎoxiǎnxiāngli le.
他 把文件 锁在保险箱里 了。
彼は書類を金庫に入れて鍵をかけた。

533 ③
tái
抬
持ち上げる
举
jǔ

Zánmen bǎ zhuōzi táichūqu ba.
咱们 把桌子 抬出去吧。
私たちはテーブルを運び出しましょう。

534 ②
tán
谈
話す
谈话、谈论
tánhuà, tánlùn

Zhè jiàn shì wǒmen yǐhòu zài tán ba.
这件事 我们以后 再谈吧。
この事はあとで話しましょう。

535 ②
tàn suǒ
探索
探索する
探究、探求
tànjiū, tànqiú

Tā zài búduàn de tànsuǒ xīn de lǐlùn.
他在不断地 探索 新的理论。
彼は絶えず新しい理論を探求している。

536 ③
táo
逃
逃げる、逃避する
跑、逃跑
pǎo, táopǎo

Dìzhèn hòu, rénmen dōu táodào kòngdìshang le.
地震后，人们 都逃到 空地上了。
地震の後、人々はみな空き地に逃げた。

537 ②
tǎo yàn
讨厌
嫌がる、嫌う
厌恶、嫌弃
yànwù, xiánqì

Wǒ tǎoyàn shuōhuà bú suànshù de rén.
我讨厌 说话不算数的人。
私は約束を守らない人が嫌いだ。

538 ②
tì
替
代わる
代、换、替换
dài, huàn, tìhuàn

Nǐ xiūxi yíhuìr ba, wǒ lái tì nǐ.
你休息 一会儿吧，我来 替你。
ちょっと休みなよ、代わってあげるから。

539 ☐ ② | tiān 添 | 加える、増やす
加、添加
jiā, tiānjiā | Shí duō nián lái wǒ yí jiàn jiājù yě méi tiān.
十多年来 我 一件家具 也没添。
私は10年以上、家具を1つも増やしていない。

540 ☐ ③ | tián 填 | 埋める、記入する
埋、填写
mái, tiánxiě | Zhèlǐ yīnggāi tián nǎ ge dòngcí?
这里 应该 填哪个动词?
ここにはどの動詞を記入すべきですか。

541 ☐ ③ | tiāo 挑 | 選ぶ
挑选、选择
tiāoxuǎn, xuǎnzé | Wǒ gěi māma tiāole yì kuǎn lǎonián shǒujī.
我 给妈妈 挑了 一款老年手机。
私は母にシニア向けの携帯電話を選んであげた。

542 ☐ ③ | tiáo 调 | 調合する
调配、调制
tiáopèi, tiáozhì | Tā huì tiáo hěn duō zhǒng jīwěijiǔ.
他 会调 很多种鸡尾酒。
彼はいろいろなカクテルを作れる。

543 ☐ ③ | tiáo zhěng 调整 | 調整する
调、调节
tiáo, tiáojié | Wǒ xiǎng bǎ xiàzhōu de ānpái tiáozhěng yíxià.
我想 把下周的安排 调整一下。
来週のスケジュールを調整したいのですが。

544 ☐ ② | tiē 贴 | 貼る
粘、粘贴
zhān, zhāntiē | Qiángshang tiēzhe yì zhāng shìjiè dìtú.
墙上 贴着 一张世界地图。
壁には世界地図が貼ってある。

545 ☐ ③ | tīng jiàn 听见 | 聞こえる
耳闻
ěrwén | Wǒ méi tīngjiàn nǐ qiāo mén de shēngyīn.
我没听见 你敲门的声音。
あなたのノックの音が聞こえませんでした。

546 ☐ ③ | tōng 通 | 通る；通暁する
通往；通晓
tōngwǎng；tōngxiǎo | Tīngshuō zhè tiáo lù yìzhí tōngdào hǎibiān.
听说 这条路 一直 通到海边。
この道は海まで通じているそうです。

547
☐ 3

tōng guò

通过

通過する；議決する

经过；同意
jīngguò；tóngyì

Wǒ tōngguòle Yīngyǔ sì jí kǎoshì.

我 通过了 英语四级考试。

私は英語4級の試験に合格した。

548
☐ 3

tóng qíng

同情

同情する

怜悯、可怜
liánmǐn、kělián

Dàjiā dōu hěn tóngqíng tā de zāoyù.

大家 都很 同情 她的遭遇。

みんなは彼女の境遇に同情している。

549
☐ 3

tǒng zhì

统治

統治する、支配する

执政、支配
zhízhèng, zhīpèi

Tā tǒngzhì zhège guójiā dá sìshí nián zhī jiǔ.

他统治 这个国家 达四十年之久。

彼は40年間もの長きに渡ってこの国を統治した。

550
☐ 3

tù

吐

嘔吐する

呕吐
ǒutù

Wǒ juéde bù shūfu, xiǎng tù.

我 觉得 不舒服，想吐。

私は気分が悪くて吐き気がします。

551
☐ 3

tuán jié

团结

団結する

协力
xiélì

Gōnghuì hàozhào gōngrénmen tuánjiéqǐlai.

工会 号召 工人们团结起来。

組合は労働者たちに団結するよう呼びかけた。

552
☐ 3

tuī dòng

推动

推進する、促す

推进、促进
tuījìn, cùjìn

Xīn de chǎnyè zhèngcè tuīdòngle jīngjì fāzhǎn.

新的产业政策 推动了 经济发展。

新しい産業政策が経済の発展を後押しした。

553
☐ 3

tuì

退

退く；退職する

后退；退休
hòutuì；tuìxiū

Huìyì hái méi kāiwán tā jiù tuìchūlai le.

会议还没开完 他就退出来了。

彼は会議がまだ終わらないうちに退出した。

554
☐ 3

tuō

拖

引きずる、引き延ばす

拉、拖延
lā, tuōyán

Tā de lùnwén tuōle hěn jiǔ cái wánchéng.

他的论文拖了 很久 才完成。

彼の論文は完成するのに長い時間がかかった。

555 ② 脱 tuō
脱ぐ；離れる
取下；脱离
qǔxià；tuōlí

Fángjiānli rè, nǐ bǎ wàiyī tuō le ba.
房间里 热，你 把外衣 脱了吧。
部屋の中は暑いから、上着を脱ぎなさい。

556 ② 挖 wā
掘る
挖掘
wājué

Yéye shàngshān wā zhúsǔn qù le.
爷爷 上山 挖竹笋 去了。
おじいさんは山へタケノコ掘りに行った。

557 ③ 弯 wān
曲げる
弯曲
wānqū

Tā wān yāo bǎ dìshang de shū jiǎnqǐlai le.
他弯腰 把地上的书 捡起来了。
彼は腰をかがめて地面の本を拾い上げた。

558 ③ 违反 wéi fǎn
違反する
违背
wéibèi

Wǒ jiānjué bú zuò wéifǎn fǎlǜ de shì.
我坚决不做 违反法律的事。
私は断固として法律に反することはしない。

559 ③ 围 wéi
囲む
围绕、包围
wéirào、bāowéi

Tā de fěnsī bǎ tā tuántuán wéizhù le.
她的粉丝 把她 团团围住了。
彼女のファンは彼女を取り囲んだ。

560 ② 维持 wéi chí
維持する
保持
bǎochí

Wǒ néng zuò de jiùshì wéichí xiànzhuàng.
我能做的 就是维持现状。
私にできることは現状を維持することだけだ。

561 ② 喂 wèi
餌をやる、食べさせる
养、喂养
yǎng, wèiyǎng

Māma zài wèi háizi chī fàn ne.
妈妈 在喂孩子 吃饭呢。
お母さんは子供にご飯を食べさせている。

562 ② 问候 wèn hòu
あいさつする
问好、寒暄
wènhǎo, hánxuān

Qǐng tì wǒ wènhòu nǐ fùmǔ.
请替我 问候 你父母。
ご両親によろしくお伝えください。

563 ② wò 握 握る、把握する
掌握、把握 zhǎngwò, bǎwò
Wǒ jiā de cáiquán wòzài fùqīn shǒuli.
我家的财权 握在 父亲手里。
家の財布は父が握っている。

564 ② wù 误 遅れる
耽误、延误 dānwù, yánwù
Wǒ jīntiān chàdiǎnr wùle fēijī.
我今天 差点儿 误了飞机。
私は今日、飛行機に乗り遅れるところだった。

565 ② wù huì 误会 誤解する
误解 wùjiě
Nǐ wùhuì wǒ de yìsi le.
你 误会 我的意思了。
君は私の言っていることを誤解している。

566 ③ xī 吸 吸う、吸い込む
允吸、吸收 yǔnxī, xīshōu
Tā shēnshēn de xīle yì kǒu qì.
他深深地 吸了 一口气。
彼は深々と息を吸い込んだ。

567 ③ xī shōu 吸收 吸収する、受け入れる
吸取、接纳 xīqǔ, jiēnà
Zhíwù yòng gēnbù xīshōu tǔzhōng de yǎngfèn.
植物 用根部 吸收 土中的养分。
植物は根から土の中の養分を吸収する。

568 ③ xià 吓 脅かす
吓唬、威胁 xiàhu, wēixié
Nǐ búyào xià wǒ, wǒ bú hàipà.
你不要 吓我，我 不害怕。
脅かさないで、私は平気だよ。

569 ③ xiàn mù 羡慕 羨む
眼馋、嫉妒 yǎnchán, jídù
Wǒ tèbié xiànmù xuéxí chéngjì hǎo de rén.
我特别 羡慕 学习成绩好的人。
私は成績の良い人が特に羨ましい。

570 ③ xiàn 献 捧げる
贡献、奉献 gòngxiàn, fèngxiàn
Bìyèshìshang wǒmen gěi lǎoshī xiànle huā.
毕业式上 我们给老师 献了花。
卒業式で、私たちは先生に花を捧げた。

571 ☐ ③

xiǎng shòu

享受

享受する

享乐、享用
xiǎnglè, xiǎngyòng

Tā hěn xiǎngshòu yí ge rén de shēnghuó.

他很享受 一个人的 生活。

彼は一人の生活をエンジョイしている。

572 ☐ ③

xiǎng

响

音がする

作响
zuòxiǎng

Huìchǎngli búduàn xiǎngqǐ rèliè de zhǎngshēng.

会场里 不断响起 热烈的掌声。

会場からは次々と大きな拍手が沸き起こった。

573 ☐ ②

xiǎng yìng

响应

呼応する

应、回应
yìng, huíyìng

Dàjiā dōu jījí xiǎngyìng jiédiàn de hàozhào.

大家 都积极响应 节电的号召。

みんな節電の呼びかけに積極的に応えた。

574 ☐ ②

xiǎng xiàng

想象

想像する

设想、联想
shèxiǎng, liánxiǎng

Dāngshí de qíngjǐng, shéi dōu wúfǎ xiǎngxiàng.

当时的情景，谁都 无法想象。

その時の情景は、誰も想像できない。

575 ☐ ③

xiàng

像

似ている

好像、类似
hǎoxiàng, lèisì

Wǒ xiàng māma, gēge xiàng bàba.

我像妈妈，哥哥像爸爸。

私は母に似ていて、兄は父に似ている。

576 ☐ ②

xiàng zhēng

象征

象徴する

标志、代表
biāozhì, dàibiǎo

Zài Zhōngguó hóngsè xiàngzhēngzhe xǐqìng.

在中国 红色象征着 喜庆。

中国では赤色は祝い事の象徴です。

577 ☐ ②

xiāo chú

消除

なくす、取り除く

排除、清除
páichú, qīngchú

Shuāngfāng xiāochúle wùhuì, qǔdéle gòngshí.

双方消除了 误会，取得了 共识。

双方は誤解を解き、共通認識を得た。

578 ☐ ③

xiāo fèi

消费

消費する

花、花费
huā, huāfèi

Zhè zhǒng xǐyījī yào xiāofèi hěn duō shuǐ.

这种洗衣机 要消费 很多水。

この洗濯機は水をたくさん消費する。

名詞

動詞

形容詞

副詞

---

579 ☐ ②

xiāo huà

消化

消化する

消食；理解
xiāoshí ; lǐjiě

Jīntiān kè de nèiróng nǐ dōu xiāohuàle ma?

今天课的内容 你都消化了吗？

今日の授業の内容を全部理解しましたか。

---

580 ☐ ③

xiāo miè

消灭

消滅する、滅ぼす

消失、根除
xiāoshī, gēnchú

Xiāomiè wényíng, jiǎnshǎo jíbìng.

消灭 蚊蝇，减少 疾病。

蚊・ハエを退治し、病気を減らそう。

---

581 ☐ ②

xiē

歇

休む；やめる

休息；停止
xiūxi ;　tíngzhǐ

Wǒ zǒulèi le, zánmen xiē yíhuìr ba.

我走累了，咱们 歇一会儿吧。

歩き疲れたので、ちょっと休憩しましょう。

---

582 ☐ ③

xìn

信

信じる；信仰する

相信；信仰
xiāngxìn ; xìnyǎng

Māma xìn jīdūjiào, bàba xìn fójiào.

妈妈 信基督教，爸爸 信佛教。

母はキリスト教を信じ、父は仏教を信じている。

---

583 ☐ ③

xíng chéng

形成

形成する

演变、成为
yǎnbiàn, chéngwéi

Xīn jiù liǎng zhǒng guāndiǎn xíngchéngle duìlì.

新旧两种观点 形成了 对立。

新旧2つの観点が対立している。

---

584 ☐ ③

xíng róng

形容

形容する

描写、描述
miáoxiě, miáoshù

Wǒ xǐyuè de xīnqíng jiǎnzhí wúfǎ xíngróng.

我喜悦的心情 简直无法形容。

私の喜びは言葉では言い表せないほどだった。

---

585 ☐ ②

xǐng

醒

目が覚める

苏醒、醒悟
sūxǐng, xǐngwù

Jīngguò qiǎngjiù, bìngrén xǐngguòlai le.

经过抢救，病人 醒过来了。

応急手当の結果、病人は意識を取り戻した。

---

586 ☐ ③

xiū

修

修理する；建造する

修理；建造
xiūlǐ ;　jiànzào

Bàba bǎ wǒ de zìxíngchē xiūhǎo le.

爸爸 把我的自行车 修好了。

父は私の自転車を修理してくれた。

587
☐ ③

xiū gǎi
修改
改、修订
gǎi, xiūdìng

改訂する

Bàba zài jiā xiūgǎi wénzhāng ne.
爸爸 在家 修改文章呢。

お父さんは家で文章を直しています。

588
☐ ③

xuān bù
宣布
发布、公布
fābù, gōngbù

宣言する、発表する

Dǒngshìhuì xuānbùle xīn de rénshì ānpái.
董事会 宣布了 新的人事安排。

取締役会は新しい人事を発表した。

589
☐ ③

xuān chuán
宣传
宣扬、鼓吹
xuānyáng, gǔchuī

宣伝する

Zhèngfǔ zài dàlì xuānchuán jiéyuē néngyuán.
政府 在大力宣传 节约能源。

政府は省エネを大いに宣伝している。

590
☐ ②

xùn
训
训斥、批评
xùnchì, pīpíng

説教する、叱る

Wǒ chídào le, bèi lǎoshī xùnle yí dùn.
我迟到了，被老师 训了一顿。

遅刻したので、先生に叱られた。

591
☐ ③

yā
压
按、压制
àn, yāzhì

押さえる

Fángzi bèi dàxuě yādǎo le.
房子 被大雪 压倒了。

大雪で家がつぶれた。

592
☐ ③

yǎn
演
表演
biǎoyǎn

演じる

Tā yǎnjì hěn hǎo, kěyǐ yǎn hěn duō juésè.
他演技 很好，可以演 很多角色。

彼は演技力が高く、多くの役を演じられる。

593
☐ ③

yǎo
咬
啃
kěn

噛む、かじる

Zhège niúpái tài yìng le, yǎobudòng.
这个 牛排 太硬了，咬不动。

このステーキは硬すぎて噛めない。

594
☐ ③

yī lài
依赖
靠、依靠
kào, yīkào

頼る、依存する

Zài xuéxíshang bù néng yīlài biérén.
在学习上 不能 依赖别人。

勉強するのに他人を頼ってはいけない。

名詞
動詞
形容詞
副詞

595 ☐ 3	移 yí	移る、移す；変わる 挪、移动；改变 nuó, yídòng; gǎibiàn	Gōngsī jìhuà bǎ gōngchǎng yídào guówài qù. 公司计划 把工厂 移到国外去。 会社は工場を国外に移転する計画である。
596 ☐ 3	意味着 yì wèi zhe	意味する 标志、表示 biāozhì, biǎoshì	Zhè shí, chénmò jiù yìwèizhe fǎnduì. 这时，沉默 就意味着 反对。 その時、沈黙は反対を意味する。
597 ☐ 3	引 yǐn	導く、引用する 引导、引用 yǐndǎo, yǐnyòng	Tāmen cóng guówài yǐnlái yí xiàng xīn jìshù. 他们 从国外 引来 一项新技术。 彼らは外国から新技術を導入した。
598 ☐ 3	引导 yǐn dǎo	引率する 引领、指导 yǐnlǐng, zhǐdǎo	Bàba yǐndǎo wǒ zǒushàngle yánjiū de dàolù. 爸爸引导我 走上了 研究的道路。 父は私を研究の道へと導いてくれた。
599 ☐ 3	引起 yǐn qǐ	引き起こす 引发、造成 yǐnfā, zàochéng	Tā de zuòfǎ yǐnqǐle qítā rén de bùmǎn. 他的做法 引起了 其他人的不满。 彼のやり方は他の人たちの不満を募らせた。
600 ☐ 3	印 yìn	印刷する 印刷、打印 yìnshuā, dǎyìn	Tā bǎ chǒngwù de zhàopiàn yìnzài yīfushang le. 他 把宠物的照片 印在衣服上了。 彼はペットの写真を服にプリントした。
601 ☐ 3	迎接 yíng jiē	出迎える、迎える 接、迎、迎候 jiē, yíng, yínghòu	Júzhǎng qù jīchǎng yíngjiē wàiguó kèrén le. 局长 去机场 迎接外国客人了。 局長は空港へ外国人客を迎えに行った。
602 ☐ 3	营业 yíng yè	営業する 开业、经营 kāiyè, jīngyíng	Zhè jiā chāoshì wǎnshang yíngyèdào jiǔ diǎn. 这家超市 晚上 营业到 九点。 このスーパーは夜9時まで営業している。

603 ②
yōng hù
拥护
擁護する
支持、赞成
zhīchí, zànchéng

Duōshù shìmín yōnghù shìzhǎng de jiànyì.
多数市民 拥护 市长的建议。
多くの市民が市長の提案を支持している。

604 ③
yóu
邮
郵送する
寄、邮寄
jì, yóujì

Péngyou gěi wǒ yóulái liǎng běn xīn shū.
朋友 给我邮来 两本新书。
友達が新しい本を2冊送ってくれました。

605 ②
yóu yù
犹豫
ためらう
迟疑、动摇
chíyí, dòngyáo

Qù háishi bú qù, wǒ hái zài yóuyù.
去还是 不去，我 还在 犹豫。
行くか行かないか、僕はまだ迷っています。

606 ③
yóu
游
泳ぐ
游泳
yóuyǒng

Yóuyǒng wǒ yì kǒu qì néng yóu sānqiān mǐ.
游泳 我一口气 能游三千米。
水泳なら僕は一気に3000メートル泳げます。

607 ②
yù
遇
出会う；遭遇する
相遇；遭遇
xiāngyù; zāoyù

Wǒ zuótiān zài chēzhàn yùdàole Lǐ lǎoshī.
我昨天 在车站 遇到了 李老师。
私は昨日、駅で李先生に会いました。

608 ②
yuē shù
约束
制限する、束縛する
限制、束缚
xiànzhì, shùfù

Fǎlǜ shì wèile yuēshù rénmen de xíngwéi de.
法律是 为了约束 人们的行为的。
法律は人々の行動を規制するためのものである。

609 ②
yùn
运
運ぶ
运输、运送
yùnshū, yùnsòng

Zhè pī huòwù shì cóng guówài yùnlai de.
这批货物 是 从国外 运来的。
この貨物は外国から運ばれてきたのです。

610 ②
zàn chéng
赞成
賛成する、承認する
赞同、同意
zàntóng, tóngyì

Wǒ fēicháng zànchéng nǐ de yìjiàn.
我 非常赞成 你的意见。
私はあなたの意見に大賛成です。

名詞 動詞 形容詞 副詞

79

611 □ ②
zēng jìn
増进

増進する、促す

促进、推动
cùjìn, tuīdòng

Zhè cì fǎngwèn zēngjìnle liǎngguó de liǎojiě.
这次访问 增进了 两国的了解。

今回の訪問は両国間の理解を深めた。

---

612 □ ②
zhāi
摘

摘み取る

取、采、采摘
qǔ, cǎi, cǎizhāi

Tā cóng shùshang zhāixiàlai yí ge píngguǒ.
她 从树上 摘下来 一个苹果。

彼女は木からリンゴを1つ摘み取った。

---

613 □ ③
zhǎn kāi
展开

展開する、広げる

进行、开展
jìnxíng, kāizhǎn

Dàjiā duì zhège wèntí zhǎnkāile tǎolùn.
大家 对这个问题 展开了 讨论。

みんなはこの問題について討論を繰り広げた。

---

614 □ ③
zhàn
占

占拠する；占める

占据；占有
zhànjù；zhànyǒu

Zài wàiyǔxì nǚshēng zhàn bànshù yǐshàng.
在外语系 女生 占半数以上。

外国語学部では女子が半数以上を占めている。

---

615 □ ②
zhāo
招

募集する

招募、招聘
zhāomù, zhāopìn

Gōngsī jīnnián zhāole shí míng xīn yuángōng.
公司今年 招了 十名新员工。

うちの会社は今年、新入社員を10人採用した。

---

616 □ ③
zhāo dài
招待

招待する

接待、款待
jiēdài, kuǎndài

Zhōngguórén yìbān yòng chá zhāodài kèrén.
中国人 一般 用茶 招待客人。

中国人は一般的にお茶で客をもてなす。

---

617 □ ②
zhēn xī
珍惜

大切にする

爱惜、珍爱
àixī, zhēn'ài

Tā fēicháng zhēnxī zhège bǎoguì de jīhuì.
他 非常珍惜 这个宝贵的机会。

彼はこの貴重な機会を非常に大切にしている。

---

618 □ ②
zhèn yā
镇压

鎮圧する

压制、杀
yāzhì, shā

Kàngyì huódòng bèi zhèngfǔ zhènyāxiàqu le.
抗议活动 被政府 镇压下去了。

抗議活動は政府によって鎮圧された。

619 ☐ ③

zhèng míng

证明

証明する

证实
zhèngshí

Jiéguǒ zhèngmíng wǒ de yùcè shì zhèngquè de.
结果证明 我的预测 是正确的。

結果は私の予測が正しいことを証明した。

620 ☐ ③

zhī chí

支持

支持する、賛同する

赞成、拥护
zànchéng, yōnghù

Chǎnyèjiè dōu zhīchí xīn de jīngjì zhèngcè.
产业界 都支持 新的经济政策。

産業界はみな新しい経済政策を支持している。

621 ☐ ②

zhī pèi

支配

割り振る；支配する

安排；控制
ānpái；kòngzhì

Kǎoshì qián nǐ yào zhīpèihǎo fùxí shíjiān.
考试前 你要支配好 复习时间。

試験前に復習時間をよく割り振りしなさい。

622 ☐ ③

zhí xíng

执行

執行する、実施する

实行、实施
shíxíng, shíshī

Lǎo-Lǐ zhíxíngle zhè cì jiānjù de rènwu.
老李执行了 这次艰巨的任务。

李さんは今回の困難な任務を遂行した。

623 ☐ ③

zhǐ huī

指挥

指揮する

命令、调度
mìnglìng, diàodù

Jǐngchá júzhǎng qīnzì zhǐhuīle zhè cì xíngdòng.
警察局长 亲自指挥了 这次行动。

警察局長が自ら今回の作戦を指揮した。

624 ☐ ③

zhì dìng

制定

制定する

制订、出台
zhìdìng, chūtái

Guójiā zhìdìngle xīn de chǎnyè zhèngcè.
国家制定了 新的产业政策。

国は新しい産業政策を制定した。

625 ☐ ③

zhòng

种

植える

栽、种植
zāi, zhòngzhí

Zhèxiē cài dōu shì tā zìjǐ zhòng de.
这些菜 都是 他自己种的。

これらの野菜は彼が自分で栽培したものだ。

626 ☐ ②

zhù shè

注射

注射する

打针
dǎzhēn

Wǒ měi nián dōu zhùshè liúgǎn yìmiáo.
我每年 都注射 流感疫苗。

私は毎年インフルエンザの予防接種を受ける。

名詞 動詞 形容詞 副詞

627 ②
zhuī qiú
追求

追求する、求める

寻求、追
xúnqiú, zhuī

Tā zài nǔlì zhuīqiú zìjǐ de lǐxiǎng.
他在努力 追求自己的理想。
彼は自分の理想を追求しようと努力している。

---

628 ③
zǒng jié
总结

総括する

概括、归纳
gàikuò, guīnà

Tā rènzhēn zǒngjiéle zhè cì shībài de jiàoxùn.
他认真总结了 这次失败的教训。
彼は今回の失敗の教訓を真剣に総括した。

---

629 ③
zū
租

(有料で)貸す、借りる

租借、租赁
zūjiè, zūlìn

Tā zài dàxué fùjìn zūle yì jiān fángzi.
她 在大学附近 租了一间房子。
彼女は大学の近くに家を借りた。

---

630 ②
zǔ ài
阻碍

妨げる、邪魔する

阻挡、阻拦
zǔdǎng, zǔlán

Jiù guānniàn zǔ'àile shèhuì de fāzhǎn.
旧观念阻碍了 社会的发展。
古い考え方が社会の発展を妨げている。

---

631 ③
zuì
醉

酔う

醉酒
zuìjiǔ

Wǒ bù néng hē jiǔ, yì hē jiù zuì.
我不能 喝酒，一喝 就醉。
僕はお酒が飲めなくて、飲むとすぐ酔う。

---

632 ②
zūn jìng
尊敬

尊敬する

尊重、敬重
zūnzhòng, jìngzhòng

Tóngxuémen dōu fēicháng zūnjìng Lǐ jiàoshòu.
同学们 都非常尊敬 李教授。
学生はみな李教授を非常に尊敬している。

---

633 ③
zūn shǒu
遵守

守る、従う

守、遵从
shǒu, zūncóng

Bùguǎn shénme rén dōu bìxū zūnshǒu fǎlǜ.
不管什么人 都必须 遵守法律。
どんな人でも法律を守らなければならない。

---

634 ②
zuò mèng
做梦

夢を見る、空想する

幻想、空想
huànxiǎng, kōngxiǎng

Xiǎng cǎipiào zhòngjiǎng shì báirì zuòmèng.
想彩票中奖 是白日做梦。
宝くじ当せんは、白日夢を見るようなものだ。

名詞

動詞

形容詞

副詞

635 ③

àn
暗
暗い
⇔亮；≈黑、黑暗
liàng；hēi, hēi'àn

Zhè fú huà sèdiào tài àn le.
这幅画 色调 太暗了。

この絵は色のトーンが暗すぎる。

636 ③

báo
薄
薄い
⇔厚、浓；≈单薄、稀
hòu, nóng；dānbó, xī

Tā chuānzhe yí jiàn hěn báo de máoyī.
她穿着 一件 很薄的 毛衣。

彼女は薄いセーターを着ています。

637 ②

bǎo shǒu
保守
保守的だ
⇔进步；≈落后、守旧
jìnbù；luòhòu, shǒujiù

Nàge rén de sīxiǎng fēicháng bǎoshǒu.
那个人 的思想 非常保守。

あの人の考え方は非常に保守的だ。

638 ②

bào qiàn
抱歉
申し訳ない
≈内疚
nèijiù

Tā duì zìjǐ de shīwù gǎndào bàoqiàn.
他对自己的失误 感到 抱歉。

彼は自分のミスを申し訳なく思っている。

639 ②

bēi guān
悲观
悲観的だ
⇔乐观；≈绝望
lèguān；juéwàng

Wǒ bú zànchéng nǐ zhè zhǒng bēiguān de tàidù.
我不赞成 你这种 悲观的态度。

君のそんな悲観的な態度には賛成できない。

640 ②

bēi shāng
悲伤
もの悲しい
⇔高兴；≈难过；悲哀
gāoxìng；nánguò, bēi'āi

Tā de shìshì ràng dàjiā tèbié bēishāng.
他的逝世 让大家 特别悲伤。

みんなは彼の逝去をことのほか悲しんでいる。

641 ②

bèn
笨
愚かだ、不器用だ
⇔聪明；≈蠢、笨拙
cōngmíng；chǔn, bènzhuō

Tā bèn shì bèn yìdiǎn, dàn fēicháng nǔlì.
他 笨是笨 一点， 但 非常努力。

彼は頭が少し悪いが、頑張り屋だ。

642 ③

biāo zhǔn
标准
標準的だ
⇔离谱；≈规范
lípǔ；guīfàn

Língmù de Hànyǔ fāyīn fēicháng biāozhǔn.
铃木的 汉语发音 非常标准。

鈴木君の中国語の発音は非常に標準的だ。

84

643 □ ②
bú biàn
不便

不便だ
⇔方便、便利
fāngbiàn, biànlì

Tā tuǐ bù hǎo, xíngdòng yǒuxiē búbiàn.
他腿 不好，行动 有些不便。

彼は足が悪いので、動きがちょっと不便です。

---

644 □ ②
bú lì
不利

不利だ
⇔有利
yǒulì

Xiànzhuàng duì wǒmen gōngsī shífēn búlì.
现状 对我们公司 十分不利。

現状は我が社にとって非常に不利である。

---

645 □ ②
bú xìng
不幸

不幸だ、不運だ
⇔幸运、幸福；≈倒霉
xìngyùn, xìngfú; dǎoméi

Tā gāng jiēdào yí ge hěn búxìng de xiāoxi.
他刚接到 一个 很不幸的消息。

彼はたった今、とても不幸な知らせを受け取った。

---

646 □ ③
bù ān
不安

不安だ
⇔放心；≈担心
fàngxīn; dānxīn

Tīngdào zhège xiāoxi wǒ xīnli hěn bù'ān.
听到 这个消息 我心里 很不安。

私はその知らせを聞いて不安になった。

---

647 □ ②
cán kù
残酷

残酷だ、過酷だ
⇔慈悲；≈凶恶、残忍
cíbēi; xiōng'è, cánrěn

Cánkù de xiànshí jiù bǎizài wǒmen miànqián.
残酷的现实 就摆在 我们面前。

残酷な現実が私たちの目の前にある。

---

648 □ ③
chà
差

劣る
⇔好；≈劣、坏
hǎo; liè, huài

Tā wéirén kèbó, kǒubēi hěn chà.
她 为人刻薄，口碑 很差。

彼女は意地悪なので、評判が悪い。

---

649 □ ③
chán
馋

口が卑しい
≈嘴馋
zuǐchán

Wǒ jiā de xiǎo gǒu tèbié chán.
我家的小狗 特别馋。

うちの子犬は非常に食いしん坊です。

---

650 □ ②
chǎo
吵

騒々しい
⇔安静；≈闹、喧哗
ānjìng; nào, xuānhuá

Zhèli yí dào xīngqītiān jiù tèbié chǎo.
这里 一到星期天 就特别吵。

ここは日曜日になるととりわけやかましい。

---

651 ② 沉默 chén mò

無口だ

⇔饶舌；≈寡言、安静
ráoshé ; guǎyán, ānjìng

Tā xìnggé jiù zhèyàng, fēicháng chénmò.
他性格 就这样，非常 沉默。

彼の性格はこのように、非常に寡黙だ。

652 ② 诚实 chéng shí

誠実だ

⇔虚假；≈诚恳、真诚
xūjiǎ ; chéngkěn, zhēnchéng

Tā hěn chéngshí, cónglái bù shuō jiǎhuà.
她很诚实，从来 不说假话。

彼女はとても誠実で、うそをついたことがない。

653 ③ 充足 chōng zú

十分足りている

⇔不足、紧缺；≈充沛
bùzú, jǐnquē ; chōngpèi

Wǒ de fángjiān hěn dà, guāngxiàn chōngzú.
我的房间 很大，光线 充足。

私の部屋は広くて、日当たりは十分です。

654 ③ 抽象 chōu xiàng

抽象的だ

⇔具体；≈空洞
jùtǐ ; kōngdòng

Zhè fú huàr tài chōuxiàng le, wǒ kànbudǒng.
这幅画儿 太抽象了，我 看不懂。

この絵は抽象的すぎて、私にはわからない。

655 ② 稠 chóu

濃い

⇔稀；≈密、稠密
xī ; mì, chóumì

Jīntiān de zhōu zuòde yǒudiǎnr chóu.
今天的粥 做得 有点儿稠。

今日のおかゆは少しどろどろだ。

656 ② 臭 chòu

臭い、腐っている

⇔香；≈恶臭
xiāng ; èchòu

Zhè kuài ròu yǐjīng chòu le, bù néng chī le.
这块肉 已经臭了，不能 吃了。

この肉はもう腐っていて、食べられません。

657 ② 纯洁 chún jié

純潔だ、汚れのない

⇔肮脏；≈纯真、单纯
āngzāng ; chúnzhēn, dānchún

Tā shì yí ge chúnjié,shànliáng de háizi.
她是一个 纯洁、善良的 孩子。

彼女は汚れのない、善良な子供です。

658 ② 聪明 cōng míng

賢い、利発だ

⇔愚蠢；≈机智、聪颖
yúchǔn ; jīzhì, cōngyǐng

Zài cōngmíng de rén yě nánmiǎn fàn cuòwù.
再聪明的人 也难免 犯错误。

いくら頭がいい人でも間違いは免れない。

659 □ 3	cū 粗	太い ⇔细、精；≈粗大 xì, jīng; cūdà	Yuànzili yǒu yì kē yòu cū yòu gāo de shù. 院子里 有一棵 又粗又高的 树。 庭には1本の太くて高い木がある。
660 □ 2	cū xīn 粗心	うかつだ、 そそっかしい ⇔细心；≈大意、马虎 xìxīn; dàyi, mǎhu	Wǒ tài cūxīn le, cuòle hǎo jǐ dào tí. 我 太粗心了，错了 好几道题。 私はそそっかしくて、何問も問題を間違えた。
661 □ 2	cuì 脆	脆い、 歯ざわりがよい	Māma mǎide píngguǒ yòu cuì yòu tián. 妈妈买的苹果 又脆又甜。 母が買ったりんごは歯ざわりが良く甘い。
662 □ 2	dān chún 单纯	単純だ ⇔复杂；≈简单、纯洁 fùzá; jiǎndān, chúnjié	Háizi de xiǎngfǎ zǒngshì hěn dānchún de. 孩子的想法 总是 很单纯的。 子供の考え方はいつも単純だ。
663 □ 2	diǎn xíng 典型	典型的だ ⇔普通、一般 pǔtōng, yìbān	Zhè shì yí dòng diǎnxíng de Rìshì jiànzhù. 这是一栋 典型的 日式建筑。 これは典型的な日本式の建物です。
664 □ 3	dòng rén 动人	感動的だ ⇔乏味；≈感人 fáwèi; gǎnrén	Nà bù diànyǐng de qíngjié shífēn dòngrén. 那部 电影的情节 十分动人。 あの映画のストーリーは非常に感動的だ。
665 □ 2	dú 毒	残酷だ、激しい ≈狠毒、凶猛 hěndú, xiōngměng	Jīntiān de tàiyáng zhēn dú. 今天的太阳 真毒。 今日の日差しは本当にきついですね。
666 □ 2	fán 烦	いらだたしい、 煩わしい ≈麻烦、厌烦 máfan, yànfán	Wǒ zuìjìn gōngzuò bú shùnlì, xīnli hěn fán. 我 最近 工作 不顺利，心里 很 烦。 最近仕事がうまくいかなくて、いらいらする。

667
☐ 3

fán

烦

いらいらする、煩わす、面倒をかける
（動詞用法）

Měi tiān de záshì dōu bǎ wǒ fánsǐ le.

每天的杂事 都把我 烦死了。

毎日の雑用に本当にうんざりする。

668
☐ 2

fán róng

繁荣

繁栄している

⇔萧条；≈兴旺、昌盛
xiāotiáo；xīngwàng, chāngshèng

Zhè jǐ nián jiāxiāng yuè lái yuè fánróng le.

这几年 家乡 越来越 繁荣了。

ここ数年、故郷はますます繁栄してきた。

669
☐ 2

fán róng

繁荣

繁栄させる
（動詞用法）

Fánróng wénhuà yìshù xūyào zìyóu de qìfēn.

繁荣文化艺术 需要自由的气氛。

文化芸術を繁栄させるには自由な雰囲気が必要だ。

670
☐ 3

fǎn dòng

反动

反動的だ

⇔进步；≈腐朽
jìnbù；　fǔxiǔ

Xiànzài zhè zhǒng fǎndòng sīcháo hái méiyou juéjì.

现在 这种反动思潮 还没有绝迹。

現在このような反動的な思潮はまだ絶えていない。

671
☐ 2

fèn nù

愤怒

怒りに燃える

⇔开心；≈愤恨、生气
kāixīn；fènhèn, shēngqì

Fènnù de qúnzhòng chōngjìnle jǐngchájú.

愤怒的群众 冲进了 警察局。

怒った群衆は警察署に雪崩れ込んだ。

672
☐ 2

fēng

疯

気が狂った

≈疯狂
fēngkuáng

Tā fēngle yíyàng dàxiào qǐlái.

他 疯了一样 大笑起来。

彼は気が狂ったように大笑いした。

673
☐ 3

fù

富

富んでいる

⇔穷、贫穷；≈富裕、富有
qióng, pínqióng；fùyù, fùyǒu

Zhège dìqū bǐ qítā dìqū fù deduō.

这个地区 比其他地区 富得多。

この地域は他の地域よりもずっと豊かだ。

674
☐ 3

gāo jí

高级

高い、高級だ

⇔低级、初级；≈高档
dījí, chūjí；gāodàng

Wǒ dì yī cì kàndào zhème gāojí de chē.

我第一次 看到 这么高级的车。

私は初めてこんな高級車を見た。

675 ☐ ③
gōng píng
公平
公平だ、公正だ
≈公正、公允
gōngzhèng, gōngyǔn

Wǒmen gǔlì kāizhǎn gōngpíng de jìngzhēng.
我们鼓励 开展 公平的竞争。
我々は公平な競争を奨励する。

676 ☐ ②
gōng zhèng
公正
公正だ、公平だ
⇔偏颇;≈公道、公平
piānpō; gōngdào, gōngpíng

Wǒ rènwéi zhè shì yí cì gōngzhèng de cáipàn.
我认为 这是一次 公正的裁判。
私はこれが公正な審判だと思っている。

677 ☐ ②
guāi
乖
聞き分けがよい、賢い
≈乖巧、听话
guāiqiǎo, tīnghuà

Tā cóngxiǎo jiù shì yí ge hěn guāi de háizi.
他从小 就是一个 很乖的孩子。
彼は小さい時からとても聞き分けのよい子だった。

678 ☐ ②
guài
怪
怪しい、おかしい
≈古怪、奇怪
gǔguài, qíguài

Wǒ juéde zhè jiàn shì yǒudiǎnr guài.
我觉得 这件事 有点儿怪。
私はこの件は少しおかしいと思う。

679 ☐ ③
guāng míng
光明
明るい、輝かしい
⇔黑暗;≈明朗
hēi'àn; mínglǎng

Tā yídìng huì yǒu yí ge guāngmíng de qiántú.
他一定 会有 一个光明的前途。
彼には明るい将来があるに違いない。

680 ☐ ③
guāng róng
光荣
光栄だ、名誉だ
⇔耻辱;≈荣耀
chǐrǔ; róngyào

Wǒmen jiēshòule yí xiàng guāngróng de shǐmìng.
我们接受了 一项 光荣的使命。
我々は名誉ある使命を受けた。

681 ☐ ②
guò fèn
过分
行き過ぎる
⇔适当;≈过头、过火
shìdàng; guòtóu, guòhuǒ

Nǐ zhège wánxiào tài guòfèn le.
你 这个玩笑 太过分了。
君のその冗談はあまりにもひどすぎる。

682 ☐ ③
hào qí
好奇
好奇心がある
⇔冷漠
lěngmò

Tā duì shénme shìqing dōu fēicháng hàoqí.
他对什么事情 都非常好奇。
彼は何事にも強い好奇心を持っている。

683 ③

hé lǐ

合理

合理的だ

⇔荒谬；≈合适、正确
huāngmiù；héshì、zhèngquè

Zhège juédìng shì zuì hélǐ de.

这个决定是 最合理的。

この決定が最も理にかなっている。

---

684 ③

hòu

厚

厚い

⇔薄；≈厚实、厚重
báo；hòushi、hòuzhòng

Jīntiān búyòng chuān zhème hòu de yīfu.

今天 不用 穿这么厚的衣服。

今日はそんなに厚着をする必要はありません。

---

685 ②

huá

滑

つるつるだ、ずるい

⇔涩；≈光滑、油滑
sè；guānghuá、yóuhuá

Lùshang jiébīng le, tèbié huá.

路上 结冰了，特别滑。

道路が凍っていて、非常に滑りやすい。

---

686 ②

huāng

慌

慌てる、慌ただしい

⇔稳；≈慌乱、慌张
wěn；huāngluàn、huāngzhāng

Nǐ búyào huāng, chénzhù qì mànmàn lái.

你 不要慌，沉住气 慢慢来。

慌てないで、落ち着いてゆっくりやりなさい。

---

687 ③

huó pō

活泼

活発だ

⇔呆板；≈开朗、活跃
dāibǎn；kāilǎng、huóyuè

Mèimei tiānzhēn huópō, fēicháng kě'ài.

妹妹 天真活泼，非常可爱。

妹は無邪気なうえに活発で、非常にかわいいです。

---

688 ③

jī jí

积极

積極的だ、熱心だ

⇔消极；≈主动、乐观
xiāojí；zhǔdòng、lèguān

Duì gōngyì huódòng tā zǒngshì fēicháng jījí.

对公益活动 他总是 非常积极。

彼は公益活動にはいつも非常に積極的だ。

---

689 ③

jī liè

激烈

激しい

⇔温和；≈猛烈、强烈
wēnhé；měngliè、qiángliè

Zhège wèntí yǐnqǐle jīliè de zhēnglùn.

这个问题 引起了 激烈的争论。

この問題は激しい論争を巻き起こした。

---

690 ③

jí shí

及时

適時だ

≈适时
shìshí

Nǐ láide tài jíshí le, kuài bāngbang wǒ.

你来得 太及时了，快帮帮我。

良い時に来てくれた、早く手伝ってください。

691
☐ 2

吉利
jí lì

めでたい

⇔不祥；≈吉祥
bùxiáng；jíxiáng

Nǐ búyào shuō zhè zhǒng bù jílì de huà.

你 不要说 这种 不吉利的话。

そんな不吉なことを言うな。

692
☐ 2

急躁
jí zào

せっかちだ、焦る

⇔冷静、沉着；≈焦急
lěngjìng, chénzhuó；jiāojí

Tā xìnggé jízào, zuòshì méi yǒu nàixīn.

他 性格急躁，做事 没有耐心。

彼はせっかちで、何事にも根気がない。

693
☐ 2

挤
jǐ

こんでいる

⇔松快；≈拥挤
sōngkuai；yōngjǐ

Zǎo gāofēng shí de gōngjiāochē tài jǐ le!

早高峰时的 公交车 太挤了！

朝のラッシュアワーのバスは込み過ぎです！

694
☐ 3

假
jiǎ

嘘だ、偽りだ

⇔真；≈虚假
zhēn；xūjiǎ

Tā shuōde zhège xiāoxi kěnéng shì jiǎ de.

他说的 这个消息 可能是假的。

彼が言ったそのニュースは嘘かもしれない。

695
☐ 3

尖锐
jiān ruì

鋭い、厳しい

⇔迟钝、温和；
≈尖利、锐利
chídùn, wēnhé；jiānlì, ruìlì

Dàjiā duì tā tíchūle jiānruì de pīpíng.

大家对他 提出了 尖锐的批评。

みんなは彼に鋭い非難を浴びせた。

696
☐ 3

坚定
jiān dìng

確固としている

⇔动摇、软弱；≈坚决
dòngyáo, ruǎnruò；jiānjué

Zhèngfǔ duì huánbǎo wèntí yíguàn lìchǎng jiāndìng.

政府对环保问题 一贯 立场坚定。

政府は環境問題に一貫した立場をとっている。

697
☐ 3

坚定
jiān dìng

確固たるものにする

（動詞用法）

Shǒuzhàn gàojié, jiāndìngle wǒmen de xìnxīn.

首战告捷，坚定了 我们的信心。

初戦の勝利は、我々の自信を確固たるものにした。

698
☐ 2

坚固
jiān gù

頑丈だ

⇔脆弱；≈结实、牢固
cuìruò；jiēshi, láogù

Zhè zuò gǔ jiànzhù zhìjīn réngrán shífēn jiāngù.

这座古建筑 至今仍然 十分坚固。

この古い建物は、今もなお非常に頑丈である。

---

699 ③

jiān jué

坚决

断固としている
⇔迟疑、动摇；
≈坚定、果断
chíyí, dòngyáo ; jiāndìng, guǒduàn

Bàba jiānjué fǎnduì wǒ xué hùlǐ zhuānyè.

爸爸 坚决反对 我学护理专业。

父は私が看護学を専攻することに強く反対した。

700 ③

jiān qiáng

坚强

强固だ
⇔软弱、脆弱；
≈顽强、刚强
ruǎnruò, cuìruò ; wánqiáng, gāngqiáng

Tā biǎomiàn jiānqiáng, qíshí nèixīn hěn cuìruò.

她 表面坚强， 其实 内心很脆弱。

彼女はうわべは強いが、内心はとても弱い。

701 ③

jiǎn míng

简明

简单明瞭だ
⇔繁琐；≈简洁
fánsuǒ ; jiǎnjié

Lǐ lǎoshī de jiǎngjiě fēicháng jiǎnmíng yìdǒng.

李老师的讲解 非常简明易懂。

李先生の説明は非常に分かりやすい。

702 ③

jiāo ào

骄傲

傲慢だ、尊大だ
⇔谦虚；≈傲慢、自满
qiānxū ; àomàn, zìmǎn

Tā tài jiāo'ào le, dàjiā dōu bù xǐhuan tā.

他太骄傲了， 大家 都不 喜欢他。

彼は傲慢すぎるので、みんなに嫌われている。

703 ②

jiǎo huá

狡猾

ずるい、悪賢い
⇔老实、诚实；≈奸诈
lǎoshi, chéngshí ; jiānzhà

Duìshǒu hěn jiǎohuá, nǐ yào géwài xiǎoxīn.

对手 很狡猾， 你要 格外小心。

相手はずるいから、くれぐれも気をつけなさい。

704 ③

jiē shi

结实

丈夫だ、頑丈だ
⇔虚弱；≈壮实、坚固
xūruò ; zhuàngshi, jiāngù

Zhège shūbāo hěn jiēshi, dōu yòngle shí nián le.

这个书包 很结实， 都用了 十年了。

このかばんはとても丈夫で、もう10年使っている。

705 ③

jǐn

紧

硬い、きつい
⇔松、松快
sōng, sōngkuai

Zhè tiáo kùzi yāo tài jǐn le.

这条裤子 腰 太紧了。

このズボンはウエストがきつすぎる。

706 ③

jìn bù

进步

進歩的だ、先進的だ
⇔落后、保守；≈先进
luòhòu, bǎoshǒu ; xiānjìn

Tā shì yí ge sīxiǎng jìnbù de qīngnián.

他 是一个 思想进步的青年。

彼は進歩的な思想を持つ青年だ。

707 ☐ 3

jīng shen

精神

元気がある、
はつらつとしている

Nǐ dài zhè dǐng màozi xiǎnde gèng jīngshen le!

你戴这顶帽子 显得 更精神了！

この帽子をかぶると君はもっと元気に見えるよ！

---

708 ☐ 3

jù tǐ

具体

具体的だ

⇔抽象；≈详细、详尽
chōuxiàng ; xiángxì, xiángjìn

Wǒmen lái tǎolùn yíxià jùtǐ de wèntí ba.

我们来讨论一下 具体的问题吧。

私たちは具体的な問題を検討しましょう。

---

709 ☐ 3

kě ài

可爱

かわいい

⇔可恶、讨厌
kěwù, tǎoyàn

Wǒ jiā yǎngle yì zhī kě'ài de xiǎo gǒu.

我家 养了一只 可爱的小狗。

私の家ではかわいい子犬を飼っています。

---

710 ☐ 3

kě kào

可靠

信頼できる

⇔离谱；≈靠谱
lípǔ ; kàopǔ

Tā bàn shì fēicháng bù kěkào.

他办事 非常不可靠。

彼の仕事ぶりは全く頼りにならない。

---

711 ☐ 3

kě lián

可怜

哀れだ

⇔幸福；≈不幸
xìngfú ; búxìng

Wǒ de gōngzī shǎode kělián.

我的工资 少得可怜。

私の給料は哀れなほど少ない。

---

712 ☐ 3

kě lián

可怜

哀れむ、同情する
（動詞用法）

Wǒmen dōu hěn kělián tā.

我们都 很可怜 他。

私たちは彼をとてもかわいそうに思っている。

---

713 ☐ 3

kěn dìng

肯定

肯定的だ

⇔否定；≈确定
fǒudìng ; quèdìng

Nǐ néng gěi wǒmen yí ge kěndìng de dáfù ma?

你能给我们 一个肯定的 答复吗？

私たちに前向きな返事をしてくれませんか。

---

714 ☐ 3

kěn dìng

肯定

肯定する、承認する
（動詞用法）

Wǒmen zhìshǎo yīnggāi kěndìng tā de dòngjī.

我们 至少 应该肯定 他的动机。

私たちは少なくとも彼の動機を肯定すべきです。

---

715 ☐ ②

kǒng bù

恐怖

恐ろしい

≈ 恐惧、可怕
　 kǒngjù, kěpà

Wǒ bú ài kàn kǒngbù tícái de diànyǐng.

我不爱看 恐怖题材的 电影。

私はホラー映画が好きではありません。

---

716 ☐ ②

kòng

空

空いている

⇔ 满 ; ≈ 空旷
　 mǎn ; kōngkuàng

Wūzili shénme dōu méi yǒu, xiǎnde hěn kòng.

屋子里 什么都没有，显得 很空。

部屋には何もないので、だだっ広く感じる。

---

717 ☐ ③

kuān

宽

広い

⇔ 窄 ; ≈ 宽阔、宽广
zhǎi ; kuānkuò, kuānguǎng

Zhè tiáo lù hěn kuān, yǒu sì tiáo chēxiàn.

这条路 很宽，有四条车线。

この道は広く、4車線あります。

---

718 ☐ ③

kùn

困

眠い

≈ 困乏、困倦
　 kùnfá, kùnjuàn

Wǒ kùn le, xiǎng xiūxi bàn xiǎoshí.

我困了，想休息半小时。

眠くなったので、30分休憩したいです。

---

719 ☐ ③

lán

蓝

青い

Lánlán de tiānshang piāozhe jǐ duǒ báiyún.

蓝蓝的天上 飘着几朵白云。

青々とした空に白い雲がいくつか浮かんでいる。

---

720 ☐ ②

lǎn

懒

怠惰だ

⇔ 勤快 ; ≈ 懒惰
　 qínkuai ; lǎnduò

Tā shì wǒ jiànguo de zuì lǎn de rén.

他是 我见过的 最懒的人。

彼は私が今まで会った中で一番の怠け者です。

---

721 ☐ ②

làng màn

浪漫

ロマンチックだ

Tā xiěguo hěn duō làngmàn de shī.

他写过 很多浪漫的诗。

彼はロマンチックな詩をたくさん書いた。

---

722 ☐ ②

lǎo shi

老实

真面目だ、おとなしい

⇔ 虚伪 ; ≈ 诚实、安分
　 xūwěi ; chéngshí, ānfèn

Tā wéirén lǎoshi, rényuánr hěn hǎo.

他 为人老实，人缘儿 很好。

彼は人柄が真面目で、誰とでもうまくいく。

723 ③

乐 观　lè guān

楽観的だ

⇔悲观、消极；
≈积极、乐天
bēiguān, xiāojí ; jījí, lètiān

Tā duì shuāngfāng tánpàn de jiéguǒ hěn lèguān.

他 对双方谈判的结果 很乐观。

彼は双方の交渉結果を楽観視している。

724 ②

冷 淡　lěng dàn

冷淡だ、冷ややかだ

⇔热情；≈冷漠、疏远
rèqíng ; lěngmò, shūyuǎn

Tā duì tóngshì zǒngshì tèbié lěngdàn.

她对同事 总是 特别冷淡。

彼女は同僚に対して、いつも非常に冷たい。

725 ②

冷 静　lěng jìng

冷静だ

⇔激动、冲动；
≈理智、沉着
jīdòng, chōngdòng ; lǐzhì, chénzhuó

Dìzhèn fāshēng shí, tā fēicháng lěngjìng.

地震发生时，他 非常冷静。

地震が起きた時、彼は非常に冷静だった。

726 ②

冷 静　lěng jìng

冷静にする
（動詞用法）

Nǐ xiān lěngjìng lěngjìng, bù néng gǎnqíng yòngshì.

你先 冷静冷静，不能感情用事。

まず冷静になりなさい、感情に走ってはいけない。

727 ③

厉 害　lì hai

すごい、厳しい

⇔温和；≈凶、严厉
wēnhé ;　　xiōng, yánlì

Wǒ māma hěn lìhai, wǒ hé mèimei dōu pà tā.

我妈妈 很厉害，我和妹妹 都怕她。

母はとても厳しいので、私と妹は母を恐れている。

728 ③

凉　liáng

涼しい、冷たい

⇔暖和；≈冷、凉快
nuǎnhuo ; lěng, liángkuai

Fàn dōu liáng le, bàba hái méi huílai.

饭都凉了，爸爸 还没回来。

ご飯はとうに冷めてしまったのに、父はまだ帰ってこない。

729 ③

亮　liàng

明るい

⇔黑、暗；≈明亮
hēi, àn ;　　míngliàng

Zhège fángjiān guāngxiàn chōngzú, fēicháng liàng.

这个房间 光线充足，非常亮。

この部屋は日当たりが良く、非常に明るい。

730 ②

隆 重　lóng zhòng

盛大で厳かだ

⇔草率；≈盛大、庄重
cǎoshuài ; shèngdà, zhuāngzhòng

Rénmen wèi tā jǔxíngle lóngzhòng de zànglǐ.

人们 为他 举行了 隆重的葬礼。

人々は彼のために盛大な葬式を行った。

731
☐ **3**

lǜ

绿

緑色の、緑の

Gōngyuánli de xiǎo cǎo yǐjīng lǜ le.

公园里的小草 已经绿了。

公園の草はもう青くなった。

732
☐ **3**

luò hòu

落后

立ち後れている
⇔先进、进步；
≈落伍、过时
xiānjìn, jìnbù；luòwǔ, guòshí

Wǒ de diànnǎo yǒudiǎnr luòhòu le.

我的电脑 有点儿 落后了。

私のパソコンは少し型が古い。

733
☐ **2**

má mù

麻木

無関心だ、無感動だ
⇔敏感；≈麻痹
mǐngǎn；mábì

Rénmen duì zhè zhǒng shìqing zǎo jiù mámù le.

人们 对这种事情 早就麻木了。

人々はこのような事にとっくに鈍感になっている。

734
☐ **3**

mǎn

满

満ちている、
一杯である
⇔缺、欠；≈充满
quē, qiàn；chōngmǎn

Jiāli de shūjiàshang mǎnmǎn de dōu shì shū.

家里的书架上 满满的 都是书。

家の本棚は本でいっぱいだ。

735
☐ **3**

mǎn yì

满意

満足している
⇔不满；≈满足、称心
bùmǎn；mǎnzú, chènxīn

Lǎoshī duì wǒ de huídá fēicháng mǎnyì.

老师 对我的回答 非常满意。

先生は私の答えに非常に満足しています。

736
☐ **3**

máo dùn

矛盾

矛盾している
⇔和谐、融洽；≈冲突
héxié, róngqià；chōngtū

Nǐ de huà qiánhòu máodùn, wúfǎ lǐjiě.

你的话 前后矛盾，无法理解。

君の話は辻褄が合っていなくて、理解できない。

737
☐ **3**

mì mì

秘密

秘密だ
⇔公开；≈机密
gōngkāi；jīmì

Nǐ zěnme zhīdào zhège mìmì shìjiàn de?

你怎么知道 这个秘密事件的？

どうしてこの秘密の事件を知ったのですか。

738
☐ **3**

mì qiè

密切

密接だ、親しい
⇔疏远；≈亲密、亲近
shūyuǎn；qīnmì, qīnjìn

Zài dàxuéli wǒ liǎ de guānxì zuì mìqiè.

在大学里 我俩的关系 最密切。

大学では私たち二人が一番親しいです。

739
☐ ③

mì qiè
密切

密接にする
（動詞用法）

Wǒmen yào jìn yí bù mìqiè chǎn xué guānxì.
我们要 进一步 密切 产学关系。

産学関係を一層緊密にしていかなければならない。

740
☐ ②

miǎn qiǎng
勉强

無理がある

⇔情愿；≈牵强
qíngyuàn；qiānqiǎng

Zhè zhǒng jiěshì tài miǎnqiǎng le.
这种解释 太勉强了。

この解釈はあまりにも無理がある。

741
☐ ③

mín zhǔ
民主

民主的だ

⇔独裁
dúcái

Wǒmen gōngsī de lǎobǎn zuòfēng hěn mínzhǔ.
我们公司的老板 作风很民主。

うちの会社の社長のやり方はとても民主的だ。

742
☐ ②

mǐn gǎn
敏感

敏感だ

⇔麻木；≈敏锐
mámù； mǐnruì

Zhè shì mùqián zuì mǐngǎn de huàtí.
这是 目前 最敏感的话题。

これは今のところ最も敏感な話題だ。

743
☐ ③

míng xiǎn
明显

明らかだ

⇔模糊；≈显著
móhu； xiǎnzhù

Tā de shūfǎ yǒule míngxiǎn de jìnbù.
他的书法 有了 明显的进步。

彼の書道はめっきり上達した。

744
☐ ③

nán chī
难吃

まずい

⇔好吃、香
hǎochī, xiāng

Zhège cài méi yǒu wèir, tài nánchī le.
这个菜 没有味儿，太难吃了。

この料理は味がなくて、まずすぎます。

745
☐ ②

nán dé
难得

得難い

⇔容易；≈可贵
róngyì； kěguì

Qù guówài liúxué de jīhuì tài nándé le.
去国外留学的机会 太难得了。

外国留学の機会はめったにない。

746
☐ ②

nán tīng
难听

耳障りだ

⇔好听；≈刺耳
hǎotīng；cì'ěr

Nǐ shuōhuà zěnme zhème nántīng ne?
你说话 怎么这么 难听呢？

君の言葉はなぜそんなに耳障りなんだ。

747 ☐ ② 闹 nào

騒がしい

⇔静；≈吵闹、喧闹
jìng；chǎonào, xuānnào

Zìxíshìli tài nào le, méi fǎ xuéxí.
自习室里 太闹了，没法学习。

自習室が騒がしすぎて、勉強できない。

748 ☐ ② 能干 néng gàn

有能だ、やり手だ

⇔笨拙；≈精干、干练
bènzhuō；jīnggàn, gànliàn

Zhège gōngzuò děi zǎo ge nénggàn de rén zuò.
这个工作 得找个 能干的人做。

この仕事は有能な人を探さなければならない。

749 ☐ ③ 胖 pàng

太っている

⇔瘦；≈肥、肥胖
shòu；féi, féipàng

Mèimei suīrán pàng, dàn hěn línghuó.
妹妹 虽然 胖，但 很 灵活。

妹は太ってはいるが、機敏だ。

750 ☐ ③ 片面 piàn miàn

一面的だ

⇔全面；≈局部、部分
quánmiàn；júbù, bùfen

Nǐ bù néng zhǐ tīng tā de piànmiàn zhī cí.
你不能 只听 他的片面之词。

彼の一方的な言い分だけを聞いてはいけない。

751 ☐ ③ 平等 píng děng

平等だ

≈对等
duìděng

Fǎlǜ miànqián rénrén píngděng.
法律面前，人人平等。

法の前ではすべての人は平等である。

752 ☐ ③ 平均 píng jūn

平均の、平均している

Wǒmen gōngsī píngjūn niánlíng bú dào sìshí suì.
我们公司 平均年龄 不到四十岁。

私たちの会社の平均年齢は 40 歳未満です。

753 ☐ ③ 破 pò

破れている、
おんぼろの

⇔好、完整
hǎo, wánzhěng

Gēge jīngcháng chuānzhe yí jiàn pò máoyī.
哥哥 经常 穿着一件破毛衣。

兄はいつも破れたセーターを着ている。

754 ☐ ③ 朴素 pǔ sù

素朴だ、質素だ

⇔豪华；≈质朴、节约
háohuá；zhìpǔ, jiéyuē

Tā chuānzhuó suīrán pǔsù, dàn hěn yǒu qìzhì.
她穿着 虽然朴素，但 很有气质。

彼女の服装は質素だが、とても気品がある。

755 □ 3	qí 齐	整然としている、揃っている ≈全、齐全 quán, qíquán	Nǐ de tóufa zěnme chángduǎn bù qí ne? 你的头发 怎么 长短 不齐呢？ 君の髪はどうして長さが揃っていないの。
756 □ 2	qǐ jìn 起劲	熱心だ ⇔泄气；≈努力 xièqì； nǔlì	Dàjiā yǒu shuō yǒu xiào, tánde fēicháng qǐjìn. 大家 有说有笑，谈得 非常起劲。 みんなは喋ったり笑ったりと、話が非常に弾んでいる。
757 □ 3	qià dàng 恰当	適当だ ⇔不当；≈适当、妥当 búdàng；shìdàng, tuǒdàng	Nǐ zhège bǐyù bú tài qiàdàng. 你 这个比喻 不太恰当。 君のそのたとえはあまり適切ではない。
758 □ 2	qiān xū 谦虚	謙虚だ ⇔骄傲；≈客气、虚心 jiāo'ào； kèqi, xūxīn	Lǐ jiàoshòu wéirén qiānxū, hé'ǎi. 李教授 为人谦虚、和蔼。 李教授は人となりが謙虚でやさしい。
759 □ 2	qiǎo 巧	巧みだ、器用だ ⇔笨；≈灵巧 bèn； língqiǎo	Māma de shǒu hěn qiǎo, shénme dōu huì zuò. 妈妈的手 很巧，什么 都会做。 母は手先が器用で、何でもできます。
760 □ 3	qīn 亲	親しい、仲が良い ⇔疏远；≈亲密、亲近 shūyuǎn； qīnmì, qīnjìn	Zhè háizi gēn yéye tèbié qīn. 这孩子 跟爷爷 特别亲。 この子はおじいさんにとりわけ懐いています。
761 □ 2	qín láo 勤劳	勤勉でよく働く ⇔懒惰；≈勤奋，辛勤 lǎnduò； qínfèn, xīnqín	Wǒ de fùmǔ yìshēng dōu fēicháng qínláo. 我的父母 一生 都 非常勤劳。 私の両親は生涯通じて非常に勤勉でした。
762 □ 3	qīng 清	澄んでいる、きれいだ ⇔浊；≈清澈、清晰 zhuó； qīngchè, qīngxī	Qīngqīng de húshuǐ dàoyìngzhe lánlán de tiānkōng. 清清的湖水 倒映着 蓝蓝的天空。 澄んだ湖水が青々とした空を映している。

名詞

動詞

形容詞

副詞

763
☐ ②
qīng gāo
清高

孤高だ、高潔だ
⇔ 庸俗 ; ≈ 高傲
yōngsú ; gāo'ào

Tā hěn qīnggāo, bù hǎo xiāngchǔ.
她 很清高，不好 相处。

彼女はお高くとまっていて、付き合いにくい。

764
☐ ②
qíng
晴

晴れている
⇔ 阴 ; ≈ 晴朗
yīn ; qínglǎng

Xiàle sān tiān yǔ, jīntiān zhōngyú qíng le.
下了三天雨，今天 终于 晴了。

3日間雨が降ったが、今日やっと晴れた。

765
☐ ③
quán
全

すべて備わっている
⇔ 缺 ; ≈ 齐、齐全
quē ; qí、qíquán

Zhè jiā shāngdiàn bú dà, dàn shāngpǐn hěn quán.
这家商店 不大，但 商品很全。

この店は大きくはないが、商品が揃っている。

766
☐ ②
rèn xìng
任性

わがままだ
⇔ 听话 ; ≈ 随便
tīnghuà ; suíbiàn

Mèimei hěn rènxìng, shéi de huà dōu bù tīng.
妹妹 很任性，谁的话 都不听。

妹はわがままで、誰の言うことも聞かない。

767
☐ ③
ruò
弱

弱い
⇔ 强 ; ≈ 弱小、软弱
qiáng ; ruòxiǎo, ruǎnruò

Tā de bìng gāng hǎo, shēntǐ hái hěn ruò.
她的病 刚好，身体 还很弱。

彼女は病気が治ったばかりで、体はまだ弱っている。

768
☐ ②
sǎn màn
散漫

だらしがない
⇔ 严密 ; ≈ 懒散
yánmì ; lǎnsǎn

Tā shì wǒmen bān zuì sǎnmàn de xuésheng.
他是我们班 最散漫的学生。

彼はクラスで一番だらしない学生だ。

769
☐ ②
shànliáng
善良

善良だ
⇔ 丑恶 ; ≈ 慈祥、和蔼
chǒu'è ; cíxiáng, hé'ǎi

Māma shì ge xīndì shànliáng de rén.
妈妈是个 心地善良的人。

母は心の優しい人です。

770
☐ ③
shēn kè
深刻

深い、深刻だ
⇔ 肤浅
fūqiǎn

Wǒ duì zhège diànyǐng de yìnxiàng hěn shēnkè.
我 对这个电影的印象 很深刻。

私はこの映画にとても感銘を受けた。

771 □ ②	shén mì 神秘	神秘的だ ⇔公开;≈秘密、机密 gōngkāi ; mìmì, jīmì	Shéi yě jiěshì bùliǎo zhè zhǒng shénmì de xiànxiàng. 谁也 解释不了 这种神秘的现象。 誰もこの神秘的な現象を説明できない。
772 □ ②	shèn zhòng 慎重	慎重だ ⇔轻率;≈小心、谨慎 qīngshuài ; xiǎoxīn, jǐnshèn	Tā shuōhuà、bànshì yíxiàng shífēn shènzhòng. 他说话、办事 一向 十分慎重。 彼の言葉遣いや仕事ぶりはいつも非常に慎重だ。
773 □ ③	shēng dòng 生动	生き生きしている ⇔呆板;≈灵活、活泼 dāibǎn ; línghuó, huópō	Tā xiǎoshuōli de rénwù miáoxiě fēicháng shēngdòng. 他小说里的 人物描写 非常生动。 彼の小説の人物描写は非常に生き生きしている。
774 □ ②	shī wàng 失望	がっかりしている ⇔满意;≈悲观、灰心 mǎnyì ; bēiguān, huīxīn	Nǐ de huà ràng wǒmen tài shīwàng le. 你的话 让我们 太失望了。 君の言葉に私たちはひどくがっかりさせられた。
775 □ ③	shī 湿	湿っている、 ぬれている ⇔干;≈潮湿、湿润 gān ; cháoshī, shīrùn	Gāng xiàguo yǔ, lùmiàn háishi shī de. 刚下过雨,路面 还是湿的。 雨が止んだばかりで、路面はまだ濡れている。
776 □ ②	shí huì 实惠	実益がある	Zhè jiā cāntīng de cài yòu piányi yòu shíhuì. 这家餐厅的菜 又便宜 又实惠。 このレストランの料理は安くて食べ応えがある。
777 □ ③	shí jì 实际	実際の、現実の ⇔表面、幻想;≈实质 biǎomiàn, huànxiǎng ; shízhì	Mǔqīn bǐ shíjì de niánjì xiǎnde lǎo hěn duō. 母亲 比实际的年纪 显得老很多。 母は実際の年齢よりずっと老けて見える。
778 □ ③	shí yòng 实用	実用的だ ⇔无用;≈适用 wúyòng ; shìyòng	Zhège shūbāo suīrán hǎokàn, dàn bù shíyòng. 这个书包 虽然好看,但 不实用。 このかばんはきれいだが、実用的ではない。

名詞

動詞

形容詞

副詞

779
☐ 3

shòu

瘦

やせている

⇔肥、胖；≈瘦小、瘦弱
féi, pàng ; shòuxiǎo, shòuruò

Gēge gèzi hěn gāo, hěn shòu.

哥哥 个子 很高，很瘦。

兄は背が高くてやせている。

780
☐ 3

suí biàn

随便

いい加減だ

⇔认真；≈随意、马虎
rènzhēn ; suíyì, mǎhu

Xiǎo-Lǐ hěn suíbiàn, bù jū xiǎojié.

小李 很随便，不拘小节。

李さんは気ままで、細かい事に拘らない。

781
☐ 2

suì

碎

ばらばらだ

≈细碎、零碎
xìsuì, língsuì

Māma yòng suì bù zuòle yí ge kàodiàn.

妈妈 用碎布 做了一个靠垫。

母は端切れでクッションを作った。

782
☐ 3

tǎo yàn

讨厌

嫌だ、嫌いだ

⇔喜欢；≈厌恶
xǐhuan ; yànwù

Nàge rén jìn shuō dàhuà, zhēn tǎoyàn.

那个人 尽说大话，真讨厌。

あの人は大口ばかりたたいて、本当に嫌だ。

783
☐ 2

tòng kuài

痛快

痛快だ、
胸がすかっとする

⇔苦恼；≈快活、开心
kǔnǎo ; kuàihuo, kāixīn

Wǒmen jīntiān wánrde hěn tòngkuài.

我们今天 玩儿得 很痛快。

私たちは今日、楽しく遊んだ。

784
☐ 2

tòu míng

透明

透明だ、透けている

⇔混浊
hùnzhuó

Tòumíng de héshuǐ huǎnhuǎn de liúzhe.

透明的河水 缓缓地流着。

透明な川の水がゆっくりと流れている。

785
☐ 3

tū rán

突然

突然だ

⇔逐渐
zhújiàn

Yǒu zhǔnbèi, fāshēng tūrán biànhuà yě bú pà.

有准备，发生突然变化 也不怕。

準備があれば、急な変化が起きても怖くない。

786
☐ 3

tuán jié

团结

仲が良い、友好的だ

⇔分裂；≈互助、协作
fēnliè ; hùzhù, xiézuò

Wǒmen gōngsī de yuángōng fēicháng tuánjié.

我们公司的员工 非常团结。

我が社の社員は非常に団結している。

787 ③
tuán jié
团结
結束する
≈联合（動詞用法）
liánhé

Bìxū tuánjié yíqiè zhèngyì de lìliàng.
必须 团结 一切 正义的 力量。
すべての正義の力を結集しなければならない。

788 ②
wán pí
顽皮
いたずらだ、腕白だ
⇔老实；≈调皮、淘气
lǎoshi ; tiáopí, táoqì

Dìdi shì wǒ jiā zuì wánpí de háizi.
弟弟是 我家最顽皮的孩子。
弟はうちで一番やんちゃな子です。

789 ②
wēi fēng
威风
威風がある、威厳がある
≈威严、神气
wēiyán, shénqì

Tā qízài mǎshang xiǎnde hěn wēifēng.
他 骑在马上 显得 很威风。
彼は馬に乗って、威風堂々としている。

790 ③
wěi dà
伟大
偉大だ
⇔平凡；≈崇高
píngfán ; chónggāo

Bèiduōfēn shì wěidà de yīnyuèjiā.
贝多芬是 伟大的音乐家。
ベートーベンは偉大な音楽家だ。

791 ②
wēn róu
温柔
やさしくおとなしい
⇔厉害；≈温和、和气
lìhai ; wēnhé, héqì

Tā xìnggé wēnróu, fùyǒu tóngqíngxīn.
她 性格温柔，富有同情心。
彼女は優しい性格で、思いやりに富んでいる。

792 ③
wén míng
文明
礼儀正しい、上品だ
⇔野蛮；≈文雅
yěmán ; wényǎ

Dàshēng xuānhuá shì bù wénmíng de xíngwéi.
大声喧哗 是不文明的行为。
大声で騒ぐのは下品な行為だ。

793 ③
xiān jìn
先进
進んでいる、先進的である
⇔落后；≈优秀、进步
luòhòu ; yōuxiù, jìnbù

Zhè kuǎn xīn chē cǎiyòngle zuì xiānjìn de jìshù.
这款新车 采用了 最先进的技术。
この新車には最先端の技術が採用されている。

794 ②
xiān yàn
鲜艳
色が鮮やかだ
⇔淡雅；≈艳丽、美丽
dànyǎ ; yànlì, měilì

Huādiànli de xiānhuā sècǎi shífēn xiānyàn.
花店里的鲜花 色彩十分鲜艳。
花屋の花は非常に色鮮やかだ。

795 ③

xián

闲

暇だ

⇔忙 ;≈清闲、悠闲
máng ; qīngxián, yōuxián

Tā tuìxiū hòu, juéde měi tiān tài xián le.
他退休后，觉得 每天太闲了。

彼は定年後、毎日が暇でしょうがない。

796 ②

xiǎn

险

危ない

⇔安全 ;≈危险
ānquán ; wēixiǎn

Zhè zuò shān hěn xiǎn, páshān shí yào xiǎoxīn.
这座山很险，爬山时 要小心。

この山は険しいから、登る時は気をつけなさい。

797 ③

xiàn shí

现实

現実的だ

⇔虚幻 ;≈实际
xūhuàn ; shíjì

Nǐ de xiǎngfǎ tài bú xiànshí le.
你的想法 太不现实了。

君の考えはあまりにも非現実的だ。

798 ③

xiǎng

响

音が明瞭に響く

Gāngcái de léishēng zhēn xiǎng, tài xià rén le.
刚才的雷声 真响，太吓人了。

さっきの雷はすごい音で、本当に怖かった。

799 ③

xiāo jí

消极

消極的だ、否定的だ

⇔积极 ;≈悲观、消沉
jījí ; bēiguān, xiāochén

Wǒ bù tóngyì zhè zhǒng xiāojí de fāngfǎ.
我不同意 这种消极的方法。

私はこのような消極的な方法には同意できない。

800 ②

xié tiáo

协调

調和がとれている

≈和谐
héxié

Zhè liǎng zhǒng yánsè zài yìqǐ hěn xiétiáo.
这两种颜色 在一起 很协调。

この２色はとても調和がとれている。

801 ②

xīn xiān

新鲜

新しい、新鮮だ

⇔陈旧 ;≈鲜活
chénjiù ; xiānhuó

Duō chī xīnxiān de shūcài yǒuyì jiànkāng.
多吃新鲜的蔬菜 有益健康。

新鮮な野菜をたくさん食べることは健康に良い。

802 ③

xíng xiàng

形象

具体的だ、
生き生きしている

⇔抽象 ;≈生动
chōuxiàng ; shēngdòng

Nǐ zhège bǐyù tài xíngxiàng le.
你这个比喻 太形象了。

君のこのたとえは大変生き生きとしている。

803 ☐ ③	xìng yùn 幸运	運がよい、幸運だ ⇔不幸；≈庆幸、走运 búxìng；qìngxìng, zǒuyùn	Qùnián shì wǒ tèbié xìngyùn de yì nián. 去年是 我特别幸运的一年。 去年は私にとって非常に幸運な年でした。
804 ☐ ②	xiōng 凶	凶悪だ、恐ろしい ⇔温和；≈狠、凶狠 wēnhé；hěn, xiōnghěn	Māma yǒushí hěn xiōng, yǒushí hěn wēnróu. 妈妈有时 很凶，有时 很温柔。 母は厳しい時もあれば優しい時もある。
805 ☐ ②	yán 严	厳しい、厳格だ ⇔宽；≈严厉、严格 kuān；yánlì, yángé	Lǐ lǎoshī duì xuésheng de yāoqiú fēicháng yán. 李老师 对学生的要求 非常严。 李先生は学生に対する要求が非常に厳しい。
806 ☐ ③	yán sù 严肃	厳粛だ、厳正だ ⇔轻松；≈严峻 qīngsōng；yánjùn	Zhè shì yí ge fēicháng yánsù de wèntí. 这是一个 非常严肃的问题。 これは非常に深刻な問題です。
807 ☐ ②	yǎng 痒	かゆい ≈刺痒 cìyang	Gāng bèi wénzi dīngguo de dìfang hěn yǎng. 刚被蚊子 叮过的地方 很痒。 蚊に刺されたばかりの所がとてもかゆい。
808 ☐ ③	yí yàng 一样	同様だ、同じだ ⇔不同；≈同样、相同 bùtóng；tóngyàng, xiāngtóng	Zhè běn shū gēn nà běn shū wánquán yíyàng. 这本书跟那本书 完全一样。 この本はあの本とまったく同じだ。
809 ☐ ③	yí zhì 一致	一致している ⇔分歧；≈相同 fēnqí；xiāngtóng	Nǐ shuō de gēn zuò de bù yízhì. 你说的跟做的 不一致。 君の言うこととやることは一致していない。
810 ☐ ③	yì cháng 异常	異常だ ⇔正常；≈反常、非常 zhèngcháng；fǎncháng, fēicháng	Gāngcái wǎngluò fāshēngle yìcháng qíngkuàng. 刚才网络 发生了 异常情况。 先ほどインターネットに異常が発生した。

811 ② 英明
yīng míng

英明だ

⇔昏庸 ; ≈贤明
hūnyōng ; xiánmíng

Gōngsī gāocéng de juédìng fēicháng yīngmíng.

公司高层的决定 非常英明。

会社執行部の決定は非常に賢明であった。

---

812 ③ 勇敢
yǒng gǎn

勇敢だ

⇔胆怯 ; ≈英勇、勇猛
dǎnqiè ; yīngyǒng、yǒngměng

Tā shì yì míng yǒnggǎn de xiāofáng duìyuán.

他是一名 勇敢的消防队员。

彼は勇敢な消防士だ。

---

813 ② 犹豫
yóu yù

ためらう

⇔果断 ; ≈迟疑
guǒduàn ; chíyí

Jiūjìng gāi bu gāi qù, wǒ hěn yóuyù.

究竟该不该去，我很犹豫。

結局行くべきかどうか，私は迷っている。

---

814 ② 油
yóu

ずるい、狡猾だ

⇔诚实 ; ≈油滑
chéngshí ; yóuhuá

Tā biànde yuè lái yuè yóu le.

他变得 越来越 油了。

彼はますますする賢くなった。

---

815 ③ 友好
yǒu hǎo

友好的だ

⇔仇恨 ; ≈友善、友爱
chóuhèn ; yǒushàn、yǒu'ài

Bālí hé Shànghǎi shì yǒuhǎo chéngshì.

巴黎和上海是 友好城市。

パリと上海は友好都市である。

---

816 ③ 有力
yǒu lì

力強い、有力だ

⇔无力 ; ≈坚决
wúlì ; jiānjué

Gōngzuòshang tā gěile wǒ yǒulì de zhīchí.

工作上 他给了我 有力的支持。

仕事の面で彼は強力なサポートをしてくれた。

---

817 ③ 有利
yǒu lì

有利だ

⇔不利 ; ≈有益
búlì ; yǒuyì

Fǎguān zuòchūle duì tā yǒulì de pànjué.

法官 作出了 对他有利的判决。

裁判官は彼に有利な判決を出した。

---

818 ③ 有趣
yǒu qù

おもしろい

⇔无聊 ; ≈有意思、滑稽
wúliáo ; yǒuyìsi、huáji

Wǒ fāxiànle yí ge yǒuqù de xiànxiàng.

我发现了 一个有趣的现象。

私は面白い現象を発見した。

819
☐ ③

yǒu yòng

有用

役に立つ、有用だ

⇔无用；≈有效
wúyòng ; yǒuxiào

Zhè běn cídiǎn duì xuéxí chéngyǔ hěn yǒuyòng.

这本词典 对学习成语 很有用。

この辞書は成語の学習にとても役立つ。

820
☐ ②

yòu

右

右翼的だ、保守派的だ

⇔左；≈右倾
zuǒ ; yòuqīng

Nàge rén niánqīng shí sīxiǎng jiù hěn yòu.

那个人 年轻时 思想就很右。

あの人は若い時から考えが右寄りであった。

821
☐ ②

yuán

圆

丸い

Jīnwǎn de yuèliang yòu yuán yòu dà.

今晚的月亮 又圆又大。

今夜の月は丸くて大きい。

822
☐ ②

yuán mǎn

圆满

円満だ

≈完美、美满
wánměi、měimǎn

Liǎngguó de tánpàn qǔdéle yuánmǎn de jiéguǒ.

两国的谈判 取得了 圆满的结果。

両国の交渉は円満な結果を得た。

823
☐ ③

zá

杂

種々雑多だ

⇔纯；≈错杂、杂乱
chún ; cuòzá、záluàn

Wǒ dúshū hěn zá, méi yǒu shénme mùdì.

我 读书 很杂，没有什么目的。

私の読書はとても雑多で、特に目的はない。

824
☐ ②

zhēn chéng

真诚

誠実だ、
うそ偽りがない

⇔虚伪；≈真挚、诚实
xūwěi ; zhēnzhì、chéngshí

Dàjiā wèi xīnrén sòngshàngle zhēnchéng de zhùfú.

大家 为新人 送上了真诚的祝福。

みんなは新郎新婦に心からの祝福を贈った。

825
☐ ③

zhēn zhèng

真正

本当の、真の

⇔虚假；≈真实
xūjiǎ ; zhēnshí

Tā cái shì zhēnzhèng de yīngxióng.

他才是 真正的英雄。

彼こそが真の英雄だ。

826
☐ ③

zhèng hǎo

正好

ちょうどよい

⇔不巧；≈凑巧
bùqiǎo ; còuqiǎo

Zhè jiàn yīfu dàxiǎo zhènghǎo, jiù yào zhè jiàn le.

这件衣服 大小正好，就要 这件了。

この服はサイズがぴったりだから、これにしよう。

名詞
動詞
形容詞
副詞

827 ☐ ②	zhèng jing 正经	まじめだ、正直だ ≈ 正式、正规 zhèngshì, zhènggūi	Nǐ gǎnjǐn zhǎo ge zhèngjing gōngzuò ba. 你赶紧 找个 正经工作吧。 君は早くまともな仕事を見つけなさい。
828 ☐ ②	zhèng zhí 正直	正直だ、公正だ ⇔狡猾；≈正派 jiǎohuá ; zhèngpài	Lǎo-Lǐ shì ge zhèngzhí、chéngshí de rén. 老李是个 正直、诚实的人。 李さんは正直で誠実な人だ。
829 ☐ ③	zhí 直	まっすぐだ、率直だ ⇔弯；≈笔直 wān ; bǐzhí	Zhè tiáo lù hěn zhí, yǒu wǔ gōnglǐ cháng. 这条路 很直，有5公里长。 この道はまっすぐで、5キロあります。
830 ☐ ③	zhōu dào 周到	行き届いている ⇔怠慢；≈周全、严密 dàimàn ; zhōuquán, yánmì	Zhè jiā fàndiàn de fúwù fēicháng zhōudào. 这家饭店的服务 非常周到。 このホテルのサービスは非常に行き届いている。
831 ☐ ③	zhù míng 著名	著名だ、有名だ ⇔无名；≈知名、有名 wúmíng ; zhīmíng, yǒumíng	Tā shì Rìběn zhùmíng de huàjiā. 他是 日本著名的画家。 彼は日本の有名な画家です。
832 ☐ ③	zhuān xīn 专心	専念している、 一心不乱だ ≈专注 zhuānzhù	Mèimei xuéxí fēicháng zhuānxīn, chéngjì hěn hǎo. 妹妹学习 非常专心，成绩很好。 妹は熱心に勉強していて、成績がいいです。
833 ☐ ③	zhǔn 准	正確だ、確実だ ≈准确 zhǔnquè	Wǒ de shǒubiǎo zuìjìn bú tài zhǔn. 我的手表 最近不太准。 私の時計は最近あまり正確ではない。
834 ☐ ③	zhǔn shí 准时	時間が正確だ ≈守时 shǒushí	Lǐ lǎoshī shàngkè xiàkè dōu hěn zhǔnshí. 李老师 上课下课 都很准时。 李先生は授業の開始も終了も時間どおりだ。

835 ②
紫 zǐ

紫色の

Jiějie zuì xǐhuan chuān zǐ chènshān.
姐姐 最喜欢 穿紫衬衫。

姉は紫のシャツが一番好きです。

---

836 ③
自觉 zì jué

自覚している

⇔ 被动 ; ≈ 自发、自愿
bèidòng ; zìfā, zìyuàn

Tā cóngxiǎo xuéxí jiù hěn zìjué.
他从小 学习就很自觉。

彼は子どもの時から進んで勉強していた。

---

837 ②
自然 zì rán

自然だ

⇔ 呆板、生硬、做作
dāibǎn, shēngyìng, zuòzuo

Tā yǎnjiǎng shí biǎoqíng fēicháng zìrán.
她演讲时 表情 非常自然。

彼女はスピーチの時、表情が非常に自然だった。

---

838 ②
自信 zì xìn

自信がある

⇔ 自卑 ; ≈ 自负、自大
zìbēi ; zìfù, zìdà

Tā duì zìjǐ de Yīngyǔ shuǐpíng fēicháng zìxìn.
她 对自己的英语水平 非常自信。

彼女は自分の英語力にたいへん自信がある。

---

839 ②
尊敬 zūn jìng

尊敬している

⇔ 鄙视 ; ≈ 尊重
bǐshì ; zūnzhòng

Tā shì wǒmen zuì zūnjìng de qiánbèi.
他是 我们最尊敬的前辈。

彼は私たちが最も尊敬する先輩です。

名詞

動詞

形容詞

副詞

840 ③
àn shí
按时
時間通りに
≈ 准时、定时
zhǔnshí, dìngshí

Wǒ jīntiān yòu wàngle ànshí chī yào le.
我今天 又忘了 按时 吃药了。
私は今日も薬を時間通りに飲むのを忘れてしまった。

841 ③
àn àn
暗暗
ひそかに、こっそりと
≈ 偷偷、悄悄
tōutōu, qiāoqiāo

Wǒ ànàn fāshì, yídìng yào kǎoshàng dàxué.
我暗暗发誓，一定要 考上大学。
私は必ず大学に合格するとひそかに誓った。

842 ③
bì xū
必须
必ず…しなければ
ならない
⇔ 不必、无须；≈ 必得、务必
búbì, wúxū ; bìděi, wùbì

Zánmen bìxū mǎshàng chūfā.
咱们必须 马上出发。
私たちはすぐに出発しなければならない。

843 ②
bì jìng
毕竟
結局のところ、
つまり
≈ 终归、到底
zhōngguī, dàodǐ

Nǐ bìjìng shì xuésheng, xuéxí zuì zhòngyào.
你毕竟 是学生，学习 最重要。
いずれにせよ君は学生だから、勉強が最も重要だ。

844 ③
bú bì
不必
…の必要はない
⇔ 必须；≈ 不用、无须
bìxū; búyòng, wúxū

Zhè jiàn shì nǐ búbì zài dānxīn le.
这件事 你不必 再担心了。
このことはもう心配しなくていいよ。

845 ③
bú dà
不大
あまり…でない
⇔ 非常；≈ 不太
fēicháng ; bú tài

Tā jīntiān hǎoxiàng shēntǐ bú dà shūfu.
她今天 好像身体 不大舒服。
彼女は今日、体の具合があまりよくないようだ。

846 ③
bú duàn
不断
絶えず、絶え間なく
≈ 持续、连续
chíxù, liánxù

Tā xiězuò shí, búduàn de chōuyān.
他写作时 不断地 抽烟。
彼は文章を書く時、絶えずタバコを吸っている。

847 ②
bù fáng
不妨
しても構わない
≈ 可以、无妨
kěyǐ, wúfáng

Nǐ bùfáng xiànzài jiù bǎ zhēnxiàng gàosu tā.
你不妨 现在 就把真相 告诉他。
君は今すぐ本当のことを彼に話したほうがよい。

848 ③

不禁 bù jīn

思わず…してしまう

≈ 情不自禁
qíngbú-zìjīn

Tā tīngshuō fùqīn bìngdǔ, bùjīn lèi rú yǔ xià.

她听说 父亲病笃，不禁 泪如雨下。

彼女は父が危篤と聞いて、思わず泣き出した。

---

849 ②

不免 bù miǎn

…を免れない

≈ 难免、未免
nánmiǎn, wèimiǎn

Wǒ shǒucì dēngtái, bùmiǎn yǒuxiē jǐnzhāng.

我首次 登台，不免 有些紧张。

私は初舞台なので、どうしても緊張気味だった。

---

850 ③

不一定 bù yí dìng

…する／…である
とは限らない

⇔ 一定；≈ 未必
yídìng； wèibì

Nàge huì nǐ bù yídìng yào chūxí.

那个会 你不一定 要出席。

その会には君は必ずしも出席する必要はありません。

---

851 ②

不止 bù zhǐ

…にとどまらない

⇔ 只有
zhǐyǒu

Tā jīnnián bùzhǐ liùshí suì le ba?

他今年 不止 60 岁了吧？

彼は今年60歳を超えているのではないだろうか。

---

852 ③

曾经 céng jīng

かつて、以前に

⇔ 不曾
bùcéng

Wǒ céngjīng hé tā yìqǐ liúxuéguo yì nián.

我曾经和他 一起 留学过一年。

私は彼と一緒に1年間留学したことがある。

---

853 ③

差(一)点儿 chà (yì) diǎnr

もう少しで；幸いに
して何とか…した

≈ 几乎
jīhū

Wǒ chà diǎnr xiāngxìnle tā de jiǎhuà.

我差点儿 相信了 他的假话。

私はあやうく彼のうそを信じるところだった。

---

854 ②

乘机 chéng jī

機に乗じて

≈ 趁机
chènjī

Tā zàochéngle huǒzāi, què chéngjī liūzǒu le.

他造成了 火灾，却 乘机溜走了。

彼が火事を起こしたのに、隙を見て逃げ去った。

---

855 ③

重(新) chóng xīn

もう一度、改めて

⇔ 依旧；≈ 从新
yījiù； cóngxīn

Zhè jiàn shì xūyào chóngxīn kǎolǜ yíxià.

这件事 需要 重新考虑一下。

この件はもう少し考え直す必要がある。

856 ③
cóng lái
从来
これまでずっと
≈ 历来、一向
lìlái, yíxiàng

Māma cónglái méi zhème gāoxìngguo.
妈妈 从来 没这么 高兴过。

母はこれまでこれほど喜んだことはない。

857 ③
cóng xiǎo
从小
幼いころから
≈ 打小
dǎxiǎo

Zhè háizi cóngxiǎo jiù xǐhuan chóngzi.
这孩子 从小就 喜欢虫子。

この子は小さい頃から虫が好きだった。

858 ③
dà duō
大多
ほとんど、大部分
≈ 大都
dàdū

Shùshang de júzi dàduō yǐjīng chéngshú le.
树上的桔子 大多 已经成熟了。

木になっているミカンはもうほとんど熟している。

859 ③
dà xiǎo
大小
いずれにせよ、
大なり小なり
≈ 好歹
hǎodǎi

Tā shuō tā dàxiǎo shì ge guójiā gànbù.
他说 他大小是个 国家干部。

彼はいずれにせよ自分は公務員だと言っている。

860 ③
dāng chǎng
当场
その場で
≈ 就地
jiùdì

Fànzuì fènzǐ bèi dāngchǎng zhuāhuò le.
犯罪分子 被当场抓获了。

犯罪者はその場で捕まった。

861 ③
dào (shì)
倒(是)
むしろ、かえって、
意外にも

Dà dìzhèn shí, wǒ jiā dàoshì píng'ān wú shì.
大地震时，我家 倒是 平安无事。

大地震の時、我が家は何とか無事でした。

862 ③
dào chù
到处
至るところ、どこでも
≈ 处处、四处
chùchù, sìchù

Jiéjiàrì, jiēshang dàochù dōu shì rén.
节假日，街上 到处 都是人。

祝祭日には、街は至るところ人でいっぱいだ。

863 ③
fán (shì)
凡(是)
すべて、おしなべて
≈ 但凡
dànfán

Fánshì rènshi tā de rén dōu shuō tā rén hěn hǎo.
凡是认识他的人 都说 他人很好。

彼を知っている人は誰もが彼はいい人だと言う。

864
☐ ③
fǎn (ér)
反（而）
反対に、かえって
≒反倒
fǎndào

Bèi lǎoshī biǎoyáng, wǒ fǎn'ér bù hǎoyìsi le.
被老师表扬，我反而不好意思了。
先生に褒められて、かえって私は決まりが悪くなった。

865
☐ ③
fǎn fù
反复
繰り返して
⇔偶尔；≒重复、来回
ǒu'ěr ; chóngfù, láihuí

Zhè běn shū wǒ fǎnfù kànle sān biàn.
这本书 我 反复 看了三遍。
この本を私は繰り返し3回読んだ。

866
☐ ③
fǎn zhèng
反正
いずれにせよ、
どのみち

Bùguǎn nǐ zěnme quàn, fǎnzhèng wǒ bù cānjiā.
不管你 怎么劝，反正 我不参加。
君がいくら勧めても、私はどのみち参加しない。

867
☐ ②
gān cuì
干脆
いっそのこと、
思い切って
⇔犹豫；≒索性、利落
yóuyù ; suǒxìng, lìluo

Shāngdiàn wúfǎ wéichí le, gāncuì guānmén ba.
商店 无法维持了，干脆 关门吧。
店が維持できなくなったので、いっそのこと閉店しよう。

868
☐ ③
gǎn kuài
赶快
急いで、速やかに
≒赶紧、马上
gǎnjǐn, mǎshàng

Yǒu rén zhǎo nǐ, nǐ gǎnkuài huíqù kànkan ba.
有人 找你，你赶快 回去看看吧。
君を探している人がいるから、早く帰ってみなさい。

869
☐ ③
gù yì
故意
故意に、わざと
⇔无意；≒有心
wúyì ; yǒuxīn

Tā shì gùyì zhèyàng zuò de.
他是故意 这样做的。
彼はわざとこうしたのだ。

870
☐ ②
guǒ rán
果然
予想どおり、はたして
≒果真、果不其然
guǒzhēn, guǒ bù qírán

Diànshìshang shuō yǒu yǔ, guǒrán xiàqǐlai le.
电视上说 有雨，果然 下起来了。
テレビで雨だと言っていたが、案の定降り出した。

871
☐ ③
hǎo (bù) róngyì
好（不）容易
ようやく、やっとの
ことで、かろうじて

Nǐ hǎobù róngyì cái huílai, duō zhù jǐ tiān ba.
你好不容易才 回来，多住 几天吧。
ようやく帰ってきたのだから、もう少し泊まりなさい。

名詞 動詞 形容詞 副詞

872
☐ 3

huí tóu
回头

また後で、後ほど
≈ 以后
yǐhòu

Zhège wèntí wǒmen huítóu zài shuō ba.
这个问题 我们回头 再说吧。

この問題は、後日また話しましょう。

873
☐ 3

jī hū
几乎

ほとんど、ほぼ
≈ 差点儿、险些
chàdiǎnr, xiǎnxiē

Wǒmen jīhū shí nián méi jiànmiàn le.
我们几乎 十年 没见面了。

私たちはほぼ10年会っていない。

874
☐ 3

jī běn (shàng)
基本(上)

おおむね、ほぼ、
基本的に
≈ 大体 (上)
dàtǐ (shàng)

Wǒmen duì huánbǎo de kànfǎ jīběn yízhì.
我们 对环保的看法 基本一致。

環境に対する我々の考えはほぼ一致している。

875
☐ 3

jí shí
及时

時を移さず、すぐに
≈ 马上、立即
mǎshàng, lìjí

Nǐ de bìng bú zhòng, dàn yě yào jíshí zhìliáo.
你的病不重，但 也要 及时治疗。

君の病気は重くはないが、すぐに治療する必要がある。

876
☐ 2

jiǎn zhí
简直

全く、ほとんど
≈ 完全、实在
wánquán, shízài

Wǒ jiǎnzhí bùgǎn xiāngxìn zìjǐ de yǎnjing.
我 简直 不敢相信 自己的眼睛。

私は全く自分の目が信じられなかった。

877
☐ 3

jiàn (jiàn)
渐(渐)

次第に、少しずつ、
だんだん
⇔忽然；≈逐渐、慢慢
hūrán；zhújiàn, mànmàn

Lìchūn yǐhòu tiānqì jiànjiàn nuǎnhuo le.
立春以后 天气 渐渐暖和了。

立春を過ぎてから天気はだんだん暖かくなってきた。

878
☐ 3

jiāng jìn
将近

…に近い、ほとんど
≈ 快要
kuàiyào

Wǒ hé tā rènshi jiāngjìn sān nián le.
我和他 认识 将近三年了。

私は彼と知り合って3年近くになる。

879
☐ 3

(bǐ) jiào
(比)较

わりに、かなり
≈ 较为
jiàowéi

Zhōngguó nánfāng cháoshī, běifāng bǐjiào gānzào.
中国南方 潮湿，北方 比较干燥。

中国の南方は湿気が多く、北方は比較的乾燥している。

880 ③	jǐn (jǐn) 仅(仅)	ただ単に、 ただわずかに ⇔不仅 ; ≈只 bùjǐn ; zhǐ	Jǐnjǐn yì tiān tā jiù bǎ zhè běn shū kànwán le. 仅仅一天 他就 把这本书 看完了。 たった1日で彼はこの本を読み終えた。
881 ③	jǐn guǎn 尽管	かまわず、心置きなく ≈只管 zhǐguǎn	Nǐ yǒu shénme yāoqiú jǐnguǎn shuō, búyào kèqi. 你有什么要求 尽管说，不要客气。 何か要望があれば遠慮なく言ってください。
882 ③	jǐn kuài 尽快	できるだけ早く ≈尽早、赶快 jǐnzǎo, gǎnkuài	Yīshēng jiànyì wǒ jǐnkuài zuò shǒushù. 医生建议我 尽快做手术。 医者は私にできるだけ早く手術するよう勧めた。
883 ③	jǐn liàng 尽量	できるだけ、なるべく ≈极力、尽力 jílì, jìnlì	Nǐ yǒu kùnnan, wǒmen huì jǐnliàng bāng nǐ de. 你有困难，我们会 尽量 帮你的。 困ったことがあれば、私たちはできる限り助けます。
884 ②	jìng (rán) 竟(然)	意外にも、なんと、 こともあろうに ⇔果然 ; ≈居然 guǒrán ; jūrán	Wǒ méi xiǎngdào tā jīntiān jìngrán lái le. 我没想到 他今天 竟然来了。 彼が今日来るとは思いもしなかった。
885 ③	jiū jìng 究竟	いったい ; 結局の ところは ≈到底、终究 dàodǐ, zhōngjiū	Zhè jiūjìng shì zěnme yì huí shì? 这究竟 是怎么一回事？ これは一体全体どういうことなのか。
886 ③	jué bù 决不	決して…しない	Wǒmen zài yuánzé wèntíshang jué bú ràngbù. 我们 在原则问题上 决不让步。 我々は原則的な問題では決して譲歩しない。
887 ③	jué duì 绝对	絶対に ⇔相对 ; ≈完全 xiāngduì ; wánquán	Zhège xiāoxi juéduì kěkào. 这个消息 绝对可靠。 このニュースは絶対に信頼できる。

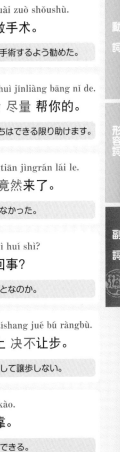

名詞

動詞

形容詞

副詞

---

888 ③

kǒng (pà)

恐(怕)

恐らく、多分

⇔必定；≈也许
bìdìng ； yěxǔ

Tiān yīnde lìhai, kǒngpà yào xià yǔ le.
天阴得厉害，恐怕 要下雨了。

空がひどく曇っているから、恐らく雨になるだろう。

---

889 ③

lì kè

立刻

直ちに、すぐに

⇔逐渐；≈立即、马上
zhújiàn ； lìjí, mǎshàng

Nàozhōng yì xiǎng, tā lìkè jiù qǐchuáng le.
闹钟一响，他立刻就 起床了。

目覚まし時計が鳴ると、彼はすぐに起きた。

---

890 ③

lín shí

临时

その場になって

⇔永久；≈暂时
yǒngjiǔ ； zànshí

Jīn wǎn de bǐsài bèi línshí qǔxiāo le.
今晚的比赛 被临时取消了。

今晩の試合は直前になってキャンセルされた。

---

891 ②

nán guài

难怪

道理で、なるほど

≈怪不得
guàibude

Nánguài tā zuótiān méi lái, yuánlái shēngbìng le.
难怪 她昨天没来，原来 生病了。

彼女が昨日来なかったのは、病気だったからなのか。

---

892 ③

piān (piān)

偏(偏)

どうしても；あい
にく；ただ…だけ

Wǒ qù zhǎo tā, kě tā piānpiān bú zài jiā.
我去找他，可他 偏偏 不在家。

私は彼を訪ねたが、あいにく彼は留守だった。

---

893 ③

qí shí

其实

実際には、実は

≈本来
běnlái

Tā nǎozi qíshí hěn hǎo, jiùshì bù nǔlì.
他脑子 其实很好，就是 不努力。

彼は実は頭が良いのだが、ただ努力しないのだ。

---

894 ②

qià qià

恰恰

ちょうど、折よく、
折悪く

≈恰好、恰巧
qiàhǎo, qiàqiǎo

Wǒ hé jiějie de xìnggé qiàqià xiāngfǎn.
我和姐姐的性格 恰恰相反。

私と姉の性格は正反対です。

---

895 ③

qiān wàn

千万

ぜひとも、くれぐれ
も

≈万万
wànwàn

Wàichū lǚyóu qiānwàn yào zhùyì ānquán.
外出旅游 千万 要注意安全。

旅行に出かける時はくれぐれも安全に注意しなさい。

---

896 ③
qiāo qiāo

悄悄

こっそりと、ひそかに

⇔公然；≈悄然、暗暗
gōngrán ; qiǎorán, àn'àn

Tā hé shéi dōu méi dǎ zhāohu jiù qiāoqiāo zǒu le.
她和谁 都没打招呼 就悄悄走了。

彼女は誰にもあいさつせず、そっと立ち去った。

897 ③
qīn zì

亲自

自ら

≈亲身
qīnshēn

Zhè jiàn shì, nǐ qīnzì qù yí tàng ba.
这件事，你亲自 去一趟吧。

この事は、君が自分で行ってみなさい。

898 ③
quán (dōu)

全(都)

全部、すべて

⇔个别；≈统统
gèbié ; tǒngtǒng

Wǒ de bìyè shì, jiāli rén quándōu lái le.
我的毕业式，家里人 全都来了。

私の卒業式には家族全員が来た。

899 ③
què

却

むしろ、しかし

≈可、但是
kě, dànshì

Tā suīrán hěn shòu, què hěn yǒu jìnr.
他虽然很瘦，却 很有劲儿。

彼はやせているが、とても力がある。

900 ③
què shí

确实

確かに、間違いなく

≈的确
díquè

Wǒ quèshí bù zhīdào nà jiàn shì.
我确实 不知道 那件事。

私は確かにそのことを知りませんでした。

901 ③
réng (rán)

仍(然)

相変わらず、
元どおりに

≈仍旧、依然
réngjiù, yīrán

Bàba fāshāo le, dàn réngrán jiānchí gōngzuò.
爸爸发烧了，但仍然 坚持工作。

父は熱を出したが、相変わらず仕事を続けている。

902 ②
shèn zhì

甚至

甚だしくは、…さえも

≈甚至于、甚而
shènzhìyú, shèn'ér

Tā bìng hěn zhòng, shènzhì lián hūxī dōu hěn kùnnan.
他病很重，甚至 连呼吸 都很困难。

彼は病気が重く、息をするのさえも大変だった。

903 ③
shǐ zhōng

始终

終始

≈自始至终
zìshǐ-zhìzhōng

Tā shǐzhōng méiyou gǎibiàn zìjǐ de guāndiǎn.
他始终 没有改变 自己的观点。

彼は一貫して自分の観点を変えなかった。

904 ③
sì hū
似乎
まるで…のようだ、
どうやら…のようだ
≈ 好像、仿佛
　hǎoxiàng, fǎngfú

Tā sìhū yòu huídàole xuéshēng shídài.
他似乎 又回到了 学生时代。

彼は学生時代に戻ったようだ。

905 ③
suí hòu
随后
その後すぐに

Nǐ xiān qù, wǒ suíhòu jiù dào.
你先去，我随后就到。

先に行ってください、私はすぐ後から行きます。

906 ③
suí shí
随时
いつでも、その都度

Yǒule xīn xiāoxi qǐng suíshí tōngzhī wǒ.
有了新消息 请随时 通知我。

新しい情報があればいつでも知らせてください。

907 ③
tè dì
特地
わざわざ
≈ 特意、专门
　tèyì, zhuānmén

Dàjiā zuótiān tèdì qù yīyuàn kànwàng tā le.
大家昨天 特地去医院 看望他了。

みんなは昨日わざわざ病院へ彼を見舞いに行った。

908 ③
xiān hòu
先后
前後して、相次いで
≈ 前后、陆续
　qiánhòu, lùxù

Tā xiānhòu dāngle bā nián zǒngtǒng.
他先后 当了 八年总统。

彼は合わせて8年間大統領を務めた。

909 ③
yě xǔ
也许
もしかしたら…か
もしれない
≈ 或许、兴许
　huòxǔ, xīngxǔ

Tā jīntiān méi lái shàngkè, yěxǔ bìng le.
他今天 没来上课，也许病了。

彼は今日授業に来なかったが、病気かもしれない。

910 ②
yí dàn
一旦
…した以上、
…したからには

Shuǐkù yídàn jiànchéng, yǐnshuǐ jiù yǒu bǎozhàng le.
水库 一旦建成，饮水 就有保障了。

ダムが完成したからには、飲用水は保障される。

911 ②
yí gài
一概
一律に、例外なく
すべて
≈ 一切、统统
　yíqiè, tǒngtǒng

Hòulái de shì, wǒ yígài bù zhīdào.
后来的事，我 一概 不知道。

その後のことは、私は一切知らない。

912 ☐ ③

yì kǒu qì
一口气

一気に

Wǒ yì kǒu qì dúwánle zhè běn xiǎoshuō.
我一口气 读完了 这本小说。

私は一気にこの小説を読み終えた。

913 ☐ ③

yì qí
一齐

一緒に、一斉に、同時に
≈ 一起、一同
yìqǐ, yìtóng

Tóngchuānghuìshang, dàjiā yìqí chàngqǐle xiàogē.
同窗会上，大家 一齐唱起了 校歌。

同窓会で、みんなは一斉に校歌を歌いだした。

914 ☐ ②

yuán lái
原来

なんだ…であったのか

Zuótiān yèli dǎ diànhuà de yuánlái shì nǐ a.
昨天夜里 打电话的 原来是你啊。

昨夜、電話をかけてきたのは君だったのか。

915 ☐ ③

zǎo wǎn
早晚

遅かれ早かれ、早晩
≈ 迟早
chízǎo

Zhè jiàn shì zǎowǎn huì bèi méitǐ fājué de.
这件事 早晚 会被媒体发觉的。

この事はいずれマスコミに知られるだろう。

916 ☐ ③

zǎo yǐ
早已

早くから、とっくに
≈ 早就
zǎojiù

Wǒ zǎoyǐ gēn tā yìdāo-liǎngduàn le.
我早已跟她 一刀两断 了。

私はとっくに彼女と無関係になっている。

917 ☐ ③

zhào cháng
照常

いつも通りだ
≈ 照例、照旧
zhàolì, zhàojiù

Zhèli de yínháng zhōuliù yě zhàocháng yíngyè.
这里的银行 周六也 照常营业。

ここの銀行は土曜日も平常どおり営業する。

918 ☐ ③

zhí
直

まっすぐに；ずっと
≈ 一直
yìzhí

Zuótiān shì tài duō, zhí dào língchén cái shuìxia.
昨天 事太多，直到 凌晨才睡下。

昨日は用事が多すぎて、明け方になってやっと寝た。

919 ☐ ②

zhǐ guǎn
只管

構わずに…する；ひたすら…する
≈ 只顾、尽管
zhǐgù, jǐnguǎn

Nǐ yǒu shénme wèntí zhǐguǎn wèn.
你有什么问题 只管问。

何か質問があれば、遠慮なく聞いてください。

920

3

zhì duō
至多

多くとも、せいぜい

⇔至少 ; ≈最多
zhìshǎo ; zuìduō

Zhè fú huà zhìduō néng mài sānbǎi kuài qián.
这幅画 至多 能卖三百块钱。

この絵の売値は良くて300元だろう。

921

3

zhì shǎo
至少

少なくとも

⇔至多 ; ≈起码
zhìduō ; qǐmǎ

Wánchéng zhège gōngzuò zhìshǎo yào bànnián.
完成这个工作 至少 要半年。

この仕事を完成するには少なくとも半年はかかる。

語彙索引

121

123

131

沈国威（Shen Guowei）

関西大学外国語学部教授。近代語彙史、語彙論、外国語語彙教育が専門。『日中語彙交流史』(1994 笠間書院)、『漢外詞彙教学新探索』(2014 私家版)、『中国語成語ハンドブック』(2014；新装版 2021 白水社)、『中国語学習シソーラス』(2018 東方書店)などの著がある。また『キクタン』中国語シリーズの共同編者でもある。

カバーデザイン　大下賢一郎
本文デザイン　　小熊未央
音声吹き込み　　凌慶成

選抜！中国語単語　中級編

© 2021 年 11 月 1 日　　第 1 版　発行

編者	沈国威
発行者	原 雅久
発行所	株式会社 朝日出版社
	〒101-0065 東京都千代田区西神田 3-3-5
	電話 (03) 3239-0271·72 (直通)
	振替口座　東京　00140-2-46008
組版	欧友社
印刷	図書印刷
	http://www.asahipress.com